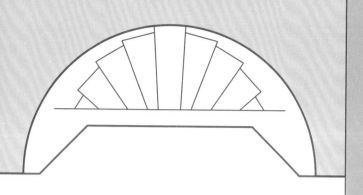

醫人醫國

邱永聰先生105歲冥誕
紀念專書

作者──邱文顯、邱文揚、邱文達

策畫撰稿──胡芳芳、柯幸吟

獻給父母的情書

——謹以此書，紀念我們的父母：

邱永聰先生、黃素女士，生如夏花般絢爛的人生

1

2

3

4

5

6

1 1941年父親與母親攝於二戰時期的日本東京。當時風華正盛的邱永聰是京都帝國大學高材生，黃素則是留日昭和藥專學生，兩人自由戀愛，日後結婚時雖受到重重考驗，堅定的愛情卻化解了所有的困難。

2 1952年攝於省立宜蘭醫院院長宿舍，父親當時擔任院長及婦產科主任（爸媽與長女邱順愛、老四邱文達、老二邱文揚、老大邱文顯）。

3 1953年全家攝於省立宜蘭醫院（後排爸媽，前排文揚、文顯、順愛、文達）。

4 邱永聰夫婦的三個人生階段：1955年攝於宜蘭，時任省立宜蘭醫院院長。

5 1970年攝於宜蘭，時任宜蘭縣議會議長。

6 1975年攝於宜蘭，時任立法委員。

1 1965年全家攝於宜蘭（爸媽與文達、文揚、文顯、順愛）。
2 1966年全家郊外踏青攝於宜蘭。
3 1966年邱黃素女士與邱文達母子合照，攝於宜蘭。
4 清純秀麗的順愛。
5 1970年國外旅行，邱永聰夫婦留影。
6 1975年攝於華盛頓。
7 1990年攝於洛杉磯。

6

5

7

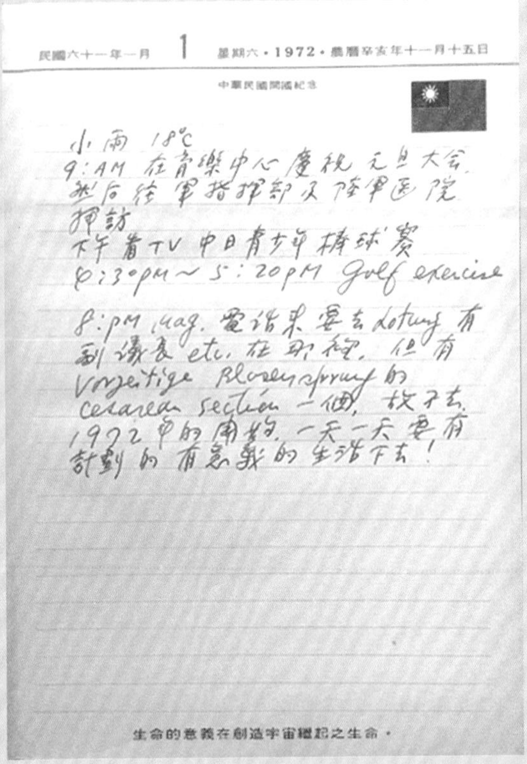

民國六十一年一月 1 星期六・1972・農曆辛亥年十一月十五日

中華民國開國紀念

小雨 18°C
9:AM 在育樂中心慶祝元旦大会
然后往軍指揮部及陸軍医院
拜訪
下午看TV 中日青少年棒球赛
3:30pm~5:20pm golf exercise
8:pm mag. 電話來要去Lotung 有
副議長 etc. 在那裡, 但有
vorzeitige Blasensprung 的
cesarean section 一個, 故不去.
1972年的開始, 一天一天要有
計劃的有意義的生活下去!

生命的意義在創造宇宙繼起之生命。

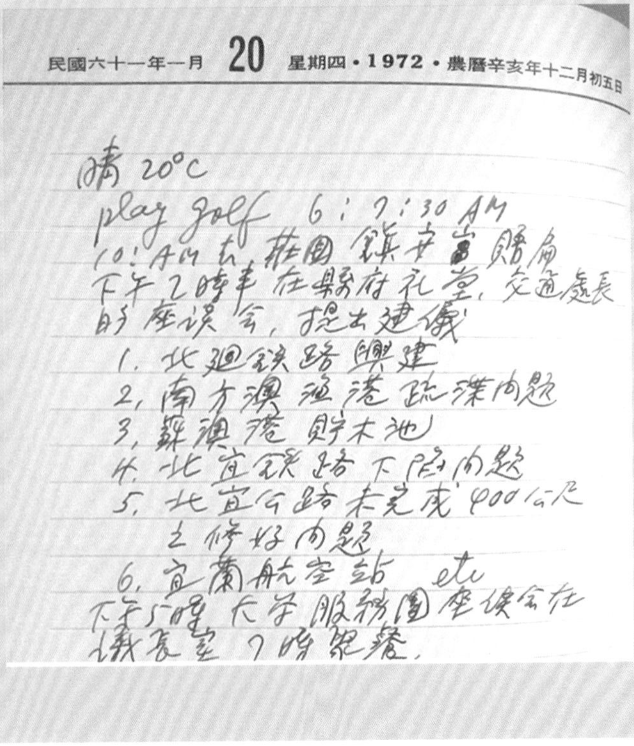

民國六十一年一月 20 星期四・1972・農曆辛亥年十二月初五日

晴 20°C
play golf 6:7:30 AM
10:AM 去壯圍鎮安宮[illegible]
下午2時半在縣府礼堂, 交通處長
的座談会, 提出建議
1. 北迴鉄路興建
2. 南方澳漁港疏濬問題
3. 蘇澳港貯木池
4. 北宜鉄路下陷問題
5. 北宜公路未完成400公尺
之修好問題
6. 宜蘭航空站 etc
下午5時大学服務團座談会在
議長室 7時[illegible].

1972年的邱永聰日記(時任宜蘭縣議會議長的父親，多年來一直保有天天寫日記的習慣)。

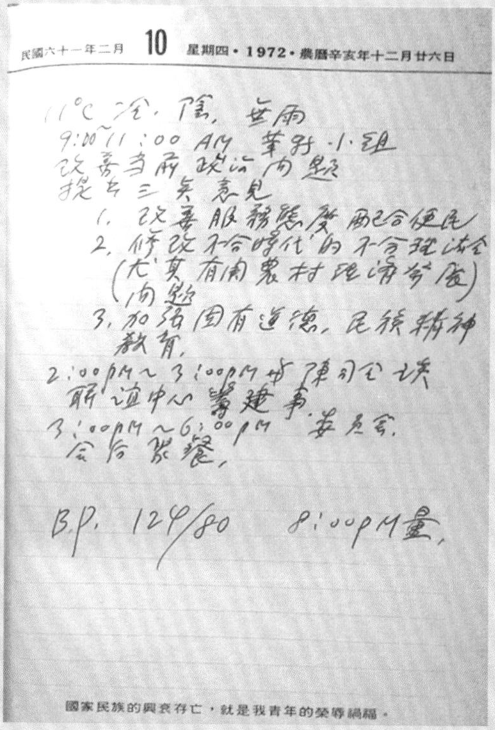
民國六十一年二月 10 星期四・1972・農曆辛亥年十二月廿六日

11°C 冷、陰，有雨
9:00~11:00 AM 革新小組
改善省府政治問題
提出三点意見
1. 改善服務態度配合便民
2. 修改不合時代的不合理法令
（尤其有關農村經濟發展）
問題
3. 加強固有道德、民族精神
教育。
2:00PM~3:00PM 出席陳司令之談
聯誼中心籌建事。
3:00PM~6:00PM 安全会
会合聚餐。

B.P. 124/80 8:00PM量。

國家民族的興衰存亡，就是我青年的榮辱禍福。

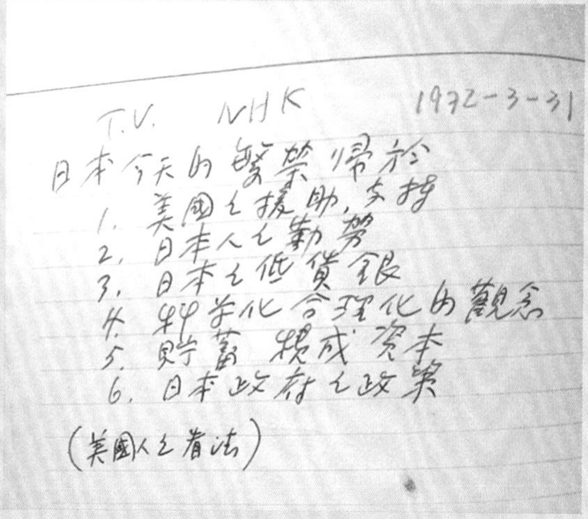
T.V. NHK 1972-3-31
日本今天的繁榮歸於
1. 美國之援助、支持
2. 日本人之勤勞
3. 日本之低賃金
4. 科学化合理化的觀念
5. 貯蓄 變成資本
6. 日本政府之政策
（美國人之看法）

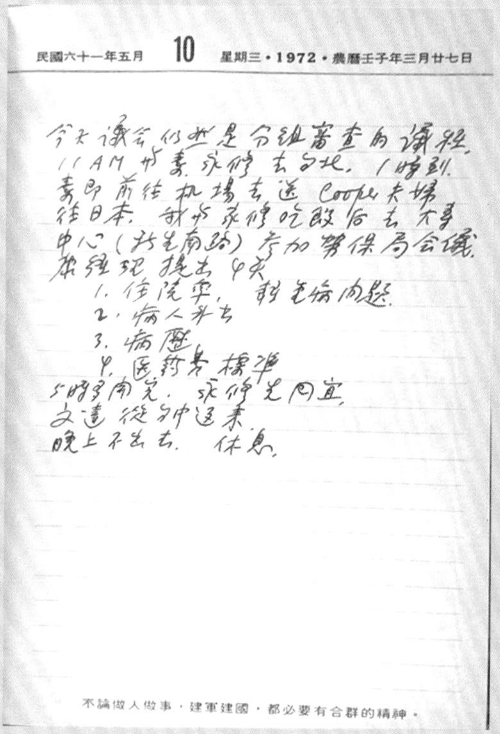
民國六十一年五月 10 星期三・1972・農曆壬子年三月廿七日

今天議会仍然是分組審查的議程，
11AM 我素永修去台北，1時到。
素即前往机場去送 Cooper夫婦
往日本。我與永修吃飯後去大專
中心（新生南路）參加勞保局会議。
本組提出4点
1. 住院費，雙包病問題
2. 病人出去
3. 病歷
4. 医药費標準
5時多回家，永修先回宜，
文達從台中送来。
晚上不出去，休息。

不論做人做事，建軍建國，都必要有合群的精神。

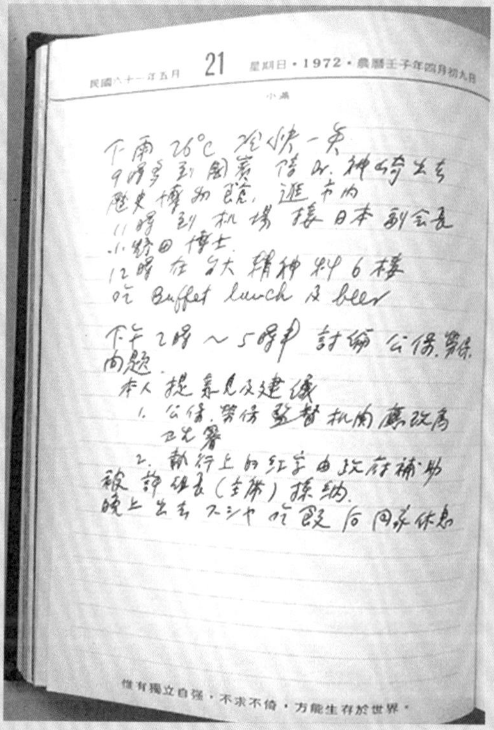
民國六十一年五月 21 星期日・1972・農曆壬子年四月初九日

小滿

下雨 26°C 涼快一点
9時多到國賓 陪Dr. 神崎出去
歷史博物館，逛市內
11時到机場接日本副会長
小野田博士。
12時在台大精神科6樓
吃 Buffet lunch 及 beer

下午2時～5時半 討論公保、勞保
問題
本人提意見及建議
1. 公保、勞保監督机關應改為
衛生署
2. 執行上的紅字由政府補助
被蔣組長（主席）採納。
晚上出去スシヤ吃飯后回家休息

惟有獨立自強，不求不倚，方能生存於世界。

1 2 3 4 1974年文顯初到日本，就讀於千葉大學醫學部，爸爸媽媽前往探望。

5 1974年文顯陪爸爸媽媽到廣島找文揚，於原爆紀念館留影。

1

2

3

4

5

1 2 1976年爸媽陪文顯到文瑛家送聘訂婚。

3 文達當時也陪著文顯哥哥前往送聘訂婚。

4 5 1979年文瑛生產前夕，爸爸媽媽特地到日本千葉為她壯膽。

1 2 1979年8月文顯與文瑛的小寶貝悅秀快滿月，12月文達、文娟到千葉來探望。

3 悅秀曾經與爺爺奶奶在宜蘭一起生活一年，祖孫感情非常好。

4 1980年在宜蘭時阿嬤都與爸媽同住，爸爸事親至孝，晨昏定省，也會帶阿嬤出去走走。阿嬤懷中抱著悅秀。

1

2

4

3

5

1 2 3 爸媽經常到千葉來看悅秀（攝於1982、1984年）。

4 5 1985年悅秀在宜蘭女子國小上一年級，住在阿公阿嬤家，經常一起搭車來回台北、宜蘭。

1 1968年順愛與葉全益先生結婚，順愛於1996年因心臟病去世。

2 3 1970年代順愛與全益和冠秀（Cindy Yeh，右）、洪章（Richard Yeh）全家福。

4 1980年代晚期冠秀全家合影（Ben Liao、Riley Liao、Cindy Yeh、Bryan Liao）。

1 1981年9月，爸媽於美國匹茲堡大學前合影。

2 夫唱婦隨，永遠相依相伴（1981年9月美國匹茲堡）。

3 宛如花叢中恩愛的情侶。

4 滿懷希望的文揚，與爸爸快樂的合影。

1

2

3

4

1 媽媽撒嬌的模樣（1981年9月美國匹茲堡）。

2 媽媽與貴容快樂的撿拾著台灣沒看過的銀杏。

3 文揚與貴容快樂的時光（美國匹茲堡Sandy Park）。

4 1981年的後半年，是全家感情最凝聚的時候，感謝深厚的家族愛。

1 日本明治村雪中美景，爸媽相依相偎。

2 謝謝爸媽請客，在明治時代 sukiyaki 的老店，讓文揚和貴容學到最傳統的 sukiyaki 作法（攝於日本明治村）。

3 爸媽拍下文揚和貴容的雪中儷影。

4 文揚、貴容合影（背景是明治時代的主題建築物）。

1 家人團聚開心合影（從左到右：悅秀、文瑛、貴容、文揚、媽媽、文娟、靜秀)。

2 文揚貴容夫妻回台灣過年，在宜蘭家中合影，爸爸是掌鏡者（從左至右：文揚、貴容、媽媽、文顯、文瑛）。

1 1978年12月24日文揚受洗日，攝於日本廣島基督教會。

2 1981年文揚貴容合影（原本在匹茲堡的冬裝，返日途中於夏威夷小憩，被溫暖的海水融化了）。

3 文揚初到日本廣島時的照片散發著古典氣息。想像如今在天堂的他，應該是如此的模樣（2019年12月24日文揚蒙主恩召於名古屋）。

1

1 爸爸運動神經很好，對網球也很有興趣，1983年攝於日本千葉的球場，對手是文顯。

2 3 爸爸、媽媽與文顯、文瑛、悅秀一家打網球，其樂融融。

2

3

1 媽媽和文揚一起打網球，爸爸在後面做裁判（攝於日本名古屋工業大學網球場）。

2 1985年，文顥（右）與文揚在名古屋一起打網球。

1 1985年文顯文瑛悅秀一家在日本過新年。

2 1988年4月文顯全家合影於故宮至善園。

3 2004年文顯一家於宜蘭龍潭湖。

1

2

3

1 1987年1月家族團聚迎接新年〔前排（從左到右）：冠秀、爸爸、媽媽、靜秀、文瑛、文娟。後排（從左到右）：敬哲、悅秀、文顯、文達〕。

2 1988年文揚、貴容與文顯、悅秀合影。

3 1991年2月文顯一家與爸媽在宜蘭過年。

1 1990年10月，祖孫三代合影。邱永聰、邱文達及Jason Chiu均畢業於匹茲堡大學公共衛生學院，各相隔30餘年，攝於匹大地標Cathedral Learning前。

2 1990年10月，爸媽與文達及孫子Jason祖孫三代攝於匹茲堡大學地標Cathedral Learning 前。

3 1992年祖孫三代開心大合照攝於台北（前排爸媽與文達、Jason，後排文瑛、悦秀、Ketty、文娟、Cindy、Ben）。

4 爸媽與 Ben 、Cindy。

1 1994年三代同堂留影於台北（前排爸媽與Jason，後排文達、Ben、Ketty、Cindy、文娟）。

2 1994年文達全家攝於Ketty生日（左到右依序為 Jason、文達、文娟、Ketty）。

3 1995年家族三代攝於台北（爸媽與文達、文娟、Cindy）。

在東京照相
當年 我的 22歲
她的 20歲
印象深刻
情誼很好!!

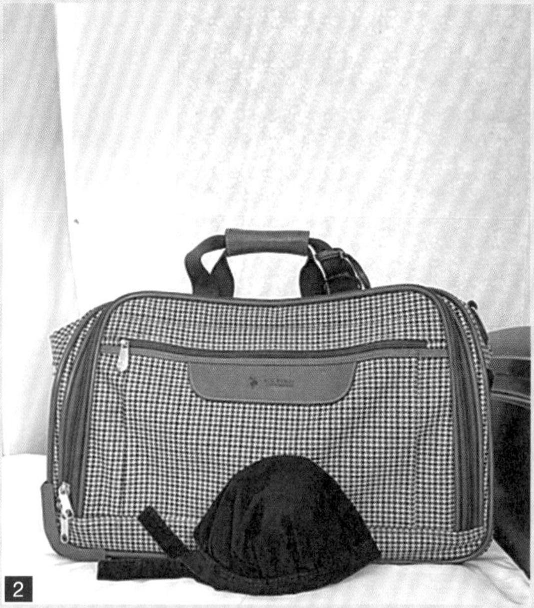

1 爸爸1990年代晚期生病後，無法言語，看到舊時與媽媽合照（1941年），心有所感，努力寫出「在東京照相，當年，我的22歲，她的20歲。印象深刻，情誼很好！！」情真意摯，令人感動。文顯和文瑛就把珍貴的紙條收藏了下來。

2 在文揚與貴容日本名古屋的家裡，一直保留著這兩樣東西，都是爸爸留下來的。一個是爸爸很喜歡的POLO旅行袋。另一個是睡覺時戴的小黑帽子。帽子是匆忙中沒帶走的，爸爸睡覺時會戴著這個小黑帽子，非常可愛，媽媽陪伴在旁邊，睡得香甜，恩愛有加。

“阿公阿媽 is love.”

I still remember the very last time I saw my 阿公.

He was waving to me at the top of the staircase with my 阿媽, who was standing beside him, holding his arm. I was at the bottom of the stairs with my luggage, crying like a little girl.

I stood there a good long time just crying with huge tears rolling down my face. I looked at them longingly, not wanting to let go. It was as if I knew that it was our last meeting.

To me, my grandpa & grandma was everything. I was the 1st grandchild in the family & I was so loved by everyone. My 阿公阿媽 was my entire life & I loved them more than anyone.

Thank you for teaching me what love is. I will always love you & remember you.

“阿公阿媽 is love.”

Cindy 甜甜

（邱永聰先生最疼愛的長孫女、愛女順愛的女兒Cindy，大家都說她是阿公阿媽的甜甜，現居美國）。

1

2

3

4

1 1990年祖孫三代攝於加州環球影城（爸媽與Jason、文達、文娟與順愛）。

2 1990年祖孫三代旅行攝於加州（爸媽與文達、Jason、順愛、文娟）。

3 2007年Jason就讀於 University of Iowa全家合影（文達、Jason、文娟、Ketty）。

4 2007年文達全家赴北海道旅遊（文達、文娟、Jason、Ketty）。

1

2

3

4

1 1995年冠秀全家合照（Ben、Bryan 、Cindy、Riley）。

2 2012年靜秀歸寧於台北合影（從左到右：靜秀夫婦、文瑛、文娟、文達、文顯）。

3 2015年3月家人團聚於日本名古屋（從左到右：文瑛媽媽、文瑛、悦秀、文揚、貴容）。

4 文達全家來美國後，與親家、子女、朋友與學生們合影。

1

僑務委員會
獎章證書

邱文揚先生長期致力名古屋僑界服務工作支持中華民國協助推展僑務活動增進我國與日本友好親善關係貢獻卓著殊堪獎勵經依僑務委員會專業獎章頒給辦法規定特頒授二等華光專業獎章用資表揚

此證

委員長吳英毅

中華民國102年1月17日

2

3

4

1 2 3 4 邱文揚於2013年2月2日榮獲僑委會頒贈「華光專業獎章」。

5 大阪辦事處李世丙處長於2021年6月3日，代表僑務委員會頒贈「海華榮譽章」給邱文揚，貴容代表文揚到大阪辦事處領獎，這是我們名古屋華僑總會第一次得到這個殊榮，同感榮耀。

6 7 2020年12月7日僑務委員長童振源頒贈象徵海外華僑最高榮譽的「海華榮譽章」給邱文揚。這是我們邱家的光榮，深感與有榮焉（邱文揚擔任名古屋華僑總會會長超過十八年，是任期最長的會長，獲頒的海華榮譽章，是全球第136位受獎者）。

8 2023年10月貴容接續文揚的遺志，接任名古屋華僑總會會長，於國慶日致詞，祝福日本與台灣友誼長存。

5

8

海華榮譽章證書

海華字第0084號

名古屋華僑總會邱前會長文楊積極支持政府推動僑務及外交工作協處國人急難救助增進臺日友好關係貢獻卓著殊堪表率特依僑務委員會海華榮譽章頒贈要點送頒海華榮譽章

此證

僑務委員會委員長

童振源

中華民國 109 年 12 月 7 日

CERTIFICATE OF HAI-HWA HONORED MEDAL

Number: HAI-HWA 0084

Date: December 7, 2020

This certificate is awarded to Chiu, Wen-Yang, former Chairperson of the Overseas Chinese (Taiwan) Society of Nagoya, for his long-term support for the R.O.C. (Taiwan) government, dedication to overseas compatriot work and diplomatic affairs, assistance in emergency situations of nationals, and promotion of cordial relations between Japan and Taiwan, pursuant to the "Directions for Awarding Hai-Hwa Honored Medals of Overseas Community Affairs Council".

Tung, Chen-Yuan

Andy Tung, Chen-Yuan Ph.D.

Minister, Overseas Community Affairs Council

Republic of China (Taiwan)

6

7

1 2 2015年2月7日名古屋華僑總會會長邱文揚贈與日中友好交流協會會長重富亮先生獎章。

3 2015年7月25日日本中華總會贈與名古屋華僑總會會長邱文揚感謝狀，由夫人石貴容代表領獎。

4 2015年10月3日名古屋華僑總會國慶節祝賀晚會。會長邱文揚得到父母的遺傳，天生的音感彈奏吉他都不用看譜。

5 6 每年國慶節晚會，大家都盼望著邱文揚會長的吉他 show。

1

2

3

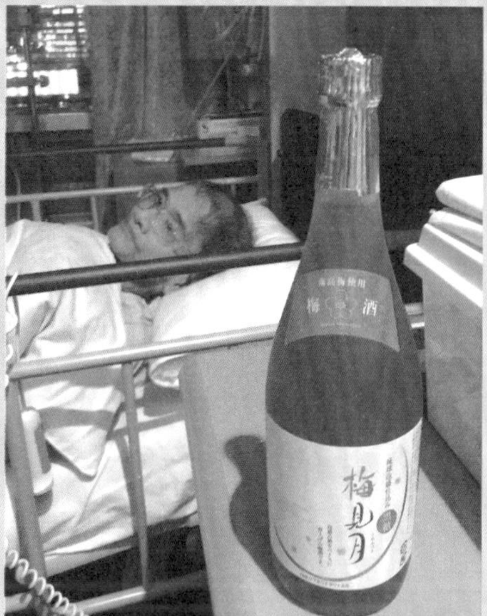

4

1 2 2017年10月8日名古屋華僑總會國慶節祝賀晚會。

3 4 2019年10月6日名古屋華僑總會國慶節祝賀晚會。會長夫人石貴容代表出席，贈送每位來賓一瓶梅子酒，這是病床上邱文揚會長的心意，梅子酒代表長長久久。

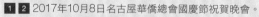

1 2022年4月25日為了紀念邱文揚醫師的全新名西醫院落成，全體同仁繼承邱醫師的願景，仍然在透析的領域裡，努力實現理念與夢想（左右兩棟建築，分別為新舊名西醫院，攝於2023年七月）。

2 COVID-19疫情嚴峻之際，大家堅守崗位，努力奮鬥。

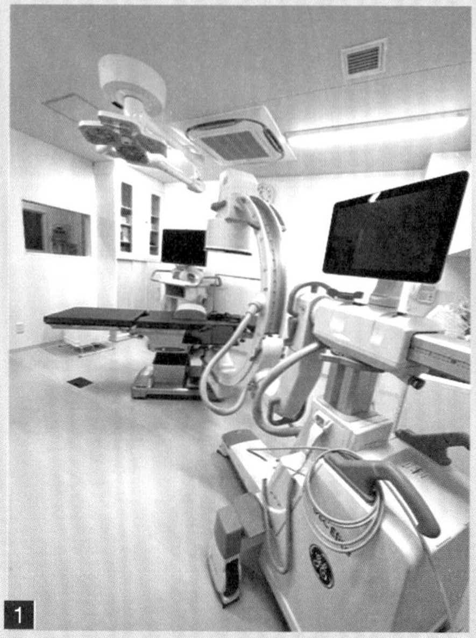

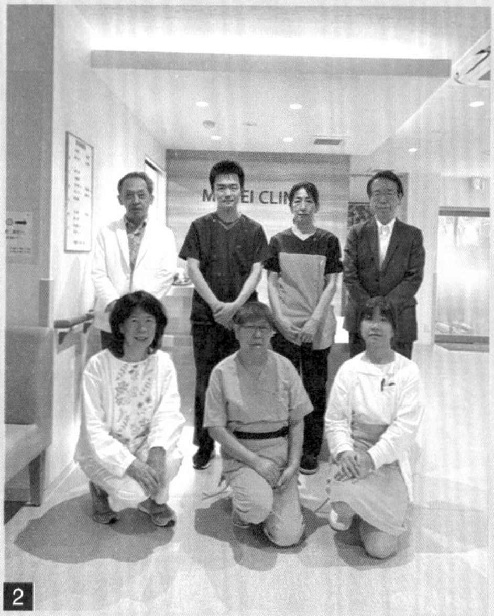

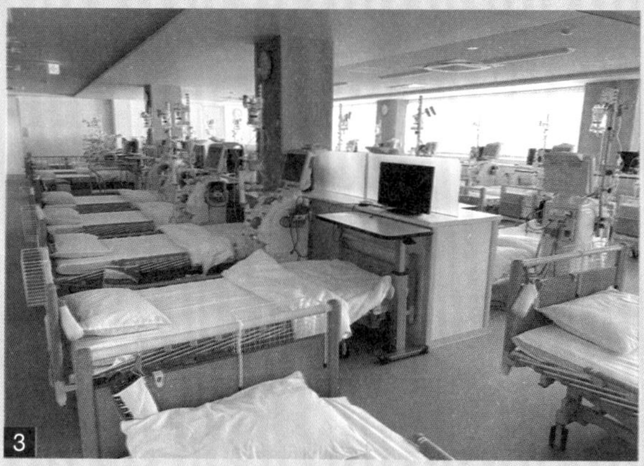

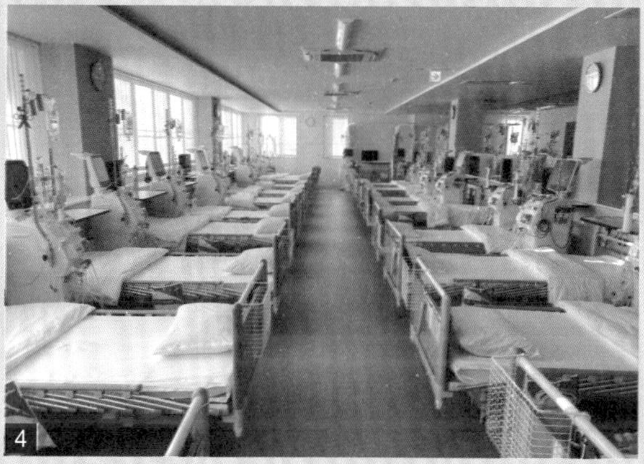

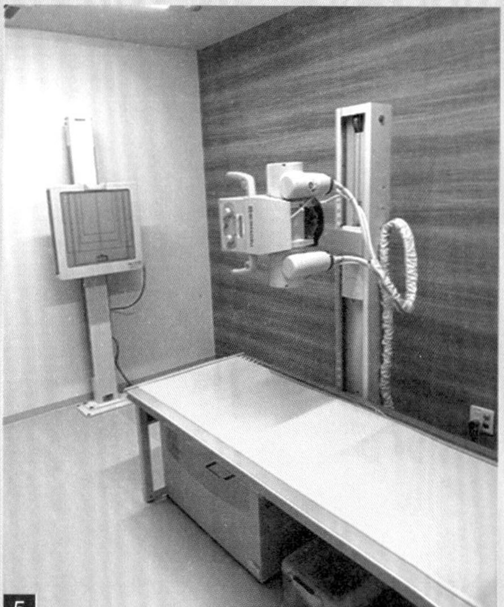

1 手術室。

2 文揚與貴容創辦的名西醫院腎臟透析中心，成立迄今30多年來，致力於帶給更多人健康與幸福，是一路陪伴的好朋友。

3 二樓透析室。

4 三樓透析室。

5 X光檢查室。

出版緣起

我心目中的父親與感懷

邱文達

父親是我見過最謙卑禮讓的人之一，對上對下都非常客氣，也是個顧家的男人，常和家人一起聚會及旅行。對小孩總是不責罵而訴諸於理，管教小孩之責因此落在母親身上，印象中我們一直是慈父嚴母的家庭。

父親的語言能力驚人，從京都帝大畢業在日本執業一段時間，回台後，除精通日語外，國語很快就講得很好，後來奉派到美國匹茲堡大學修完二年碩士，不論日後在擔任議會議長、立法委員及醫界國際會議期間，由於英文流利，每逢有外賓來訪，他常常親自充當翻譯官，而且語音清晰，沒有日本腔或台灣腔。父親的語言才華後來遺傳給了二哥邱文揚，二哥說起英文、日文也是異常的流利，使他在日本僑界作了一些貢獻。

父親每天寫日記，對各種發生的事都仔細寫下，並作感想及反思，總計整理出四、五十冊。他使用國、英、日語混合撰寫，但如仔細看，不論何種語言都是文筆流暢，這種精神讓我們後輩汗顏。他的這種才華也遺傳給我的姊姊邱順愛，她在成長過程中每天寫日記也發表過不少文章。

我和文娟、Ketty 及 Jason 一直住在台北，父母親喜歡住在宜蘭，但每隔兩三星期就來台北看我們。我覺得父母親一生最快樂的事情就是抽空出國去美國洛杉磯看姊姊邱順愛、姊夫葉全益、孫女 Cindy 及孫子 Richard。然後去日本東京看大哥邱文顯、大嫂林文瑛及孫女悅秀，到名古屋看二哥邱文揚及二嫂石貴容，父母親總是心心念念的關愛著他們。

他是個飽學的醫生，但對朋友講道義，再辛苦的事都肯為朋友兩肋插刀，過程我雖然不很清楚，但看到他總是為了幫助別人，有時候自己也會吃虧及受委屈，但從未見過他抱怨或訴苦，因此，他真的是朋友滿天下，地方人脈充沛。這種精神也遺傳給我大哥邱文顯，他也是為朋友鞠躬盡瘁的人，兩人作風很像，但大哥不從政，只專心於工作及體育。

他對婦產科的工作非常認真執著，對病人非常親切，因此家中地方的土產，甚至土鷄、海魚從不問斷。他經常半夜起床為病患接生，在宜蘭地區執業二十餘年，大概接生過近萬嬰兒。有次半夜起來接生，由於年紀漸大，睡意中從二樓跌倒滾到一樓，由外科醫生陳趾斯為他縫了上百針，之後才漸減少工作量。

父親從政時，當時家裏人全部反對，尤其是母親，大家都擔心他很正直，那種環境畢竟是有風險。後來經過各方全力勸說，他還是戮力以赴擔任二屆宜蘭縣縣議會議長及二屆立法委員。他對政治只講公理正義，對競爭對手亦待之以禮，對社會一些不公平的事情常感到些許失望。他的這種從政與為人處世的方式，在現在的社會已經較為少見。

他擔任立法委員期間，每次的質詢均尋遍全球資訊，特別是他曾經留學的美國與日本，這種精神和現今立法院的質詢方式有些不同。除了醫療、農業及經濟議題外，他念茲在茲的是北宜的直通快速道路，每次立法院質詢總是提起這件事，始終沒有什麼結果，但後來北宜高速公路終於打通，可惜的是他早已不在了。記得開通的前幾天，我在忙完手術回家後，和文娟二人半夜開車到宜蘭市，居然只花了三十分鐘，這和過去我和父母在北宜公路來回了數百次，每趟至少三至四小時，簡直是無法想像。只是回到宜蘭，親愛的家人多已不在，反而覺得感傷。

在我們生命中，父親對我們全家影響很大，他一直活在我們的心中，即使自己也逐漸老去，並於二〇一五年全家搬到美國，但思念之情卻越來越深，有時半夜醒來，突然想起父母親及逝去的姊姊、二哥，就很難再入睡。李白說過「天地一逆旅，生者是過客，死者為歸人」，家中，姊姊邱順愛因有先天性心臟病較早過世，父親於一九九九年過世，二〇〇三年母親亦過世，二〇一九年二哥邱文揚辭世，悲痛與哀思之外，也期待天堂再相聚。

邱永聰先生和邱黃素女士留下了愛、謙卑與堅忍的榜樣，他們的精神永遠是我們家族的典範。在家父一〇五歲冥誕紀念之日出版本書，同時懷念家母邱黃素女士、姊姊邱順愛女士及二哥邱文揚先生，並特邀胡芳芳女士、柯幸吟女士二位策畫撰稿，作為家族世代傳承與後代子孫永遠的懷念。

本書是獻給父母的情書。

謹以此書，紀念我們的父母，生如夏花般絢爛的人生。

目錄

附錄

前言

時代人物風華

——山靚水，水靚甜，土黏黏黏，人靚古意

專訪前宜蘭縣副縣長林建榮、前宜蘭縣議員賴茂輝、議員江圳欽

宜蘭的民主很不一樣，我們雖然臉冷冷、心卻是熱熱的，若決意推翻，也會是溫和而堅定，不會用尖銳、暴力衝突去推翻。過去的政治人物當中，都一直維持這樣的調性，堪稱政黨政治的表率；而過去歷任的宜

蘭縣政治人物都是在地宜蘭人，唯獨邱永聰委員是來自苗栗的外地人，可見他為人處事與親民風格，深根地方人脈，人心之所向，甫能於宜蘭政壇屹立不搖。

憶及當時的邱議長，他長得十分斯文，真有板（台語），在議會中鎮得住，但他講話卻很客氣與陳進東縣長感情甚篤，默契十足；印象中他就是一個非常溫儒謙遜的人，堪稱宜蘭最清平、無敵人的議長，這也是他的福氣，倘若國民黨都是像邱永聰與陳進東這麼正派的人，黨外根本沒有機會。

特別要強調的一點則是，邱永聰擔任立法委員時不斷向中央爭取經費建設宜蘭，實為功不可沒，也是他深謀遠慮奠下的發展方向，讓後輩得以持續堅持與傳承，才有現今宜蘭這麼好的基礎建設與進步繁榮。而站在從政立場，邱委員更樹立了政治人物兩種重要風範，一是不擺官架子、很接地氣，深解民意，極具媒體素養；二者，邱永聰為人溫良謙恭，行事練達磊落，他能相互包容多方立場，具國際觀，思慮深遠，超越黨派，總能採納統合各界不同意見，他確實為台灣政治人物立下一個正派清廉的標竿典範。

第一部

疾民所疾 醫人醫國

一位婦產科醫師的從政歲月

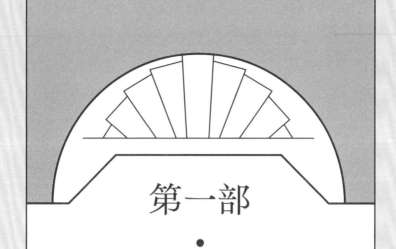

第一章

大醫精誠、杏林春暖
——留學日本、赴美深造的台灣醫師

唐朝醫神孫思邈《大醫精誠》論述醫德中推崇「精誠」理念：精者，意旨習醫之人必須「博究醫源，精勤不倦」；誠者，則謂具備高尚修養德性，誠如「醫者父母心」、「見彼苦惱，若己有之」，能同理病者，感同身受。

邱永聰先生，一九一九年十月四日出生於台灣苗栗大家族。早期台灣在日治時期的教育制度是台灣人與日本人隔離就學，台灣人求學環境相對艱辛不易，邱先生幼年時則充分顯現克勤苦讀、敬字愛書特質，一九三九年畢業於第十二屆新竹第一中學校（現今新竹中學，其兄長邱永傳則畢業於第十一屆），之後再留學日本，一九四三年於京都帝國大學醫學系畢業。

返回台灣後，任職省立台北醫院期間，經由政府舉薦派訓美國賓州匹茲堡大學進修，留美期間修研攻讀公共衛生，順利取得碩士學位隨即返台；由於年輕時期歷經台灣日據時期、日本留學、美國深造的求學之路，因此相互交融了台灣本土精神、日本大和文化、美國實驗科學的多元思維，奠基了他深厚的外語能力與國際視野，在學成歸國後，便一展鴻鵠之志，從習醫救人、深耕地方，直至體國經野、醫理治政，文武張弛的從政之路，充分體現其個人涵養與生命高度。

雲程發軔，高飛遠翔：

扶貧濟困，首開全台醫療補助政策風氣之先

一九四六年台灣光復初期，邱永聰年僅二十七歲，則接受公署派令為台灣省政府衛生局技正，次年升任為科長，爾後分別任職於新竹醫院副院長、宜蘭醫院院長兼任屏東醫院院長，公職生涯十多年期間，除充分學以致用於公立醫院領域，他更匯集整合政府與地方力量，平衡醫療供需；積極活躍於國內外醫學組織協會，擴大與國際醫學交流機會，吸收引進醫學

新知，強化台灣國際地位與能見度，一步一腳印，在醫病關係中他視病如親，於醫院事務上克己奉公、勤懇兢業，而為人抱誠守真，講信修睦，這般行醫態度、與人為善的處事風格，讓他所到之處總能讓團隊氣氛和諧，縱有意見分歧、立場迥異之處，往往也能談笑風生，在理解、利他、互信的基礎上迎刃而解。

早期由於醫療保險並不普及，窮困的人若遇上重大意外或者傷病，更為雪上加霜，苦無足夠醫療資源救治，為普及更好的醫療品質，當時任職省立宜蘭醫院院長的邱永聰，為照護貧困人民及徵屬醫療疾病，多次與宜蘭縣政府商討辦理相關補助，縣政府於一九五二年九月十一日召集宜蘭各地鄉鎮長，舉行貧民徵屬經費分擔補助座談會，由當時代理縣長陳璞主持，邱永聰院長說明優待辦法：

（一）今後貧民及徵屬疾病醫治及住院．由縣政府出具證明向省立宜蘭醫院治療。

（二）治療醫藥器材費由省立醫院分擔百分之三十，百分之七十由縣政府與貧民徵屬鄉鎮各負擔半數。

（三）住院所有醫藥費用由醫院分擔百分之三十，其餘由縣與鄉鎮各負擔半數，伙食亦由縣與鄉鎮負擔。

台灣勞工保險始於一九五〇年，開辦之初，保障範圍僅僅包括傷害、殘廢、生育、死亡、老年；一九五六年再新增疾病住院給付，遲至一九七〇年才開辦勞工疾病門診給付，而那也僅是限於勞工身分的勞保投保人，直至一九九五年三月一日才擴及普羅大眾的全民健康保險；而邱院長對於基層人民因欠缺經濟支援而延誤就醫情形，更有深層的體會感受；於是邱永聰就主動結合政府與地方力量，協助清寒家庭若不幸遇到重大傷病住院時，從縣立醫院、縣府地方資源取得援助，進而有相對妥善之醫療救治，免於家庭陷入貧病交迫的艱困處境。

唐朝醫神孫思邈《大醫精誠》在論述醫德時，十分推崇「精誠」理念：精者，意旨習醫之人必須「博究醫源，精勤不倦」；誠者，則謂具備高尚修養德性，誠如「醫者父母心」、「見彼苦惱，若己有之」，能同理病者，感同身受。邱永聰即具備這樣的情懷，他的先見之明，比勞保早了十八年、較全民健保提前四十三年；之後，邱先生於擔任立委期間，亦曾多次以先進國家的社會保險福利制度為例，發言建議儘快完善國內各階層的健康醫療保險制度。

深耕在地，為宜蘭孕婦接生的淑世熱情

邱永聰投身奉獻於公醫體系十多年，在卸任宜蘭縣立醫院院長後，於一九六一年在宜蘭市中山路陳外科醫院舊址，由他與四位名醫共同創辦「新生綜合醫院」；院址占地二百六十坪，容載一百病床，以綜合醫院的方式，深耕在地人民服務。擔任婦產科醫師多年，因此經常夜裡起床因應產婦接生或是開刀手術，一次又是半夜起床趕往產房接生，匆忙間一個不

慎，竟從平日慣走的樓梯摔跌，這跌傷可讓他逢了上百針，而他往往不顧自身安危，只為了幫助產婦順利生產與新生命的平安報到。

同年，台大邱仕榮醫師發起成立中華民國婦產科醫學會首屆大會，邱永聰則擔任宜蘭花蓮地區的幹事，推廣落實醫療專業與提升醫療行政的素質水平，此舉為台灣各地婦產科醫療專業與學術新知提供了一個很好的交流平台；除忙碌的院務與產科接生工作之外，他對各項地方事務也充滿熱情，宜蘭扶輪社創立時，他則是第一屆秘書（一九五四－一九五六），並當選第七屆（一九六一－一九六二）與第十三屆（一九六七－一九六八）扶輪社兩屆社長，繼續服務鄉梓推動公益；此外，他還兼任宜蘭縣義勇軍消防大隊大隊長、中國國民黨宜蘭縣黨部委員、宜蘭縣反共救國團指導委員、宜蘭市後備軍人輔導組組長、宜蘭縣兵役協會主任委員等職。

老一輩醫師總有仁心仁術、深根在地的情懷，邱醫師則是為人和善，熱心公益，行醫人脈相當廣，在那個年代像這樣的地方士紳，極容易被鄉里拱出來參政，雖然行醫救人才是邱永聰的最愛，對政治不熱衷，對參政更無意願；當時國民黨團一位選務專員，那年幾乎天天到邱府拜訪，最後精誠所至，成功的說服邱永聰出馬參選；由於邱永聰多年的地方耕耘，終是深植於鄉親人心，宜蘭人當時還流行一段順口溜「邱永聰為人忠，選議員一定中」。爾後，自他開啟從政之路，他一秉上醫醫國的初心，善用自己從醫所學經歷，用政策面推動維新的進步觀念，透過實際政令，促進經濟建設，進而回饋社會、貢獻國家。

第二章

言有物，行有恆

——政壇初試啼聲，超越藍綠的共好政治

《周易》曰：「君子以言有物，而行有恆。」君子由此感悟，言辭一定要有內容才不致於空洞，德行一定要持之以恆才能彰顯。

在黨團與鄰里鄉親一次次的勸說邱永聰參選議員之下，面對家人不支持他從政，邱永聰歷經數月不斷與家人溝通、耐心解釋他從政的真正宏闊

願想，逐步慢慢說服家人，而家族最終也成為他堅實的支持後盾。

邱永聰為人忠，選議員一定中

由於邱永聰多年來敦厚見誠的為人風範，從醫時期屢屢扶危濟困，急公好義熱心地方事務，於一九六三年接受宜蘭縣縣議員的提名出馬競選，街頭巷弄在熱鬧的選舉氣氛下傳頌他的競選順口溜：「邱永聰為人忠，對建設最有功；講政見不落空，選七號一定中」。不久之後，在廣大選民支持下從容當選第六屆縣議員；進入議會又被提名為議長候選人，最終只以些許差距險勝當選，後又再度連任第七屆縣議員並擔任議會議長。

初入政壇，邱永聰雖是生面孔，但由於他為人溫恭直諒，開誠有信，知行合一，很知道民眾的需要，用今天的話來說就是很「接地氣」，很快在議會中得到了解與認同；此外，他與時任宜蘭縣長陳進東，雖然分別代表著溪南（縣長）、溪北（議長）的平衡政治，兩人同為宜蘭名醫的背景，非常惺惺相惜，合作中有著極好的互動與默契，當時宜蘭府會上下一片和諧，更是齊心推動許多宜蘭重要政策建設。《周易》曰：「君子以言有物，而行有恆。」君子由此感悟言辭要言之有物，行動要持之以恆。這段話對甫踏入政壇初試啼聲的邱永聰來說，相信是深得箇中三昧。

新手議長，遇上記者出身的大砲議員

一九六四年四月，以「議會小鋼炮」著稱的賴茂輝連任第六屆議員，他雖然與縣長陳進東私交甚篤，但他在議會上照樣嚴格監督，常常不留情面的直接重炮批評，偶有直指縣長監督不周、約束不力，在議場上要求縣長限期改善……等等發言，陳進東私下還戲稱賴議員「猴死囝仔」。賴議員是黨外的，推選第六屆議長的時候，賴議員支持同為國民黨的簡俊琳議員，當日選完由邱永聰勝出時，邱議長隨即相約賴議員一同吃飯，未料，賴議員拂袖而去，且說：「吃甚麼飯！我們落選組的議員去喝慶祝落選的悶酒。」

邱永聰議長雖在公醫體系服務多年，在醫學界已有相當地位，但對於法律與法令卻較為陌生，未料，賴議員在議會裡處處抵制他，議長是新手上路，而賴議員卻是老馬識途，當然佔盡便宜，賴議員時不時的在議長主持會議時找麻煩，幾次他趁著邱議長主持會議時刻意發言：「議長！您違反宜蘭縣議會議事規則，不適合繼續主持會議，請您注意……。」甚至幾次直接唸出議事規則條文，當場吐槽，讓邱議長難以應對；有時針對某個問題，邱議長詢問大家意見，議員們紛紛舉手要求發言，到底應由哪位議員優先發言？

邱議長時而指定某位議員，對此，議事規則訂得清清楚楚，邱議長因不熟悉相關規定，讓賴議員有機可乘，挫壓邱議長銳氣，直指他違反宜蘭縣議會議事規則第四十六條第一項之規定：出席議員二人以上同時請求時，由主席參酌下列情形定其先行發言：一、坐席距離主席較遠者。二、就在場問題發言最少或尚未發言者。三、原提案人有所補充或解釋者。當邱議長對其指證有所疑義時，賴議員甚至當場請法制室主任翻閱法規，通常由賴議員佔上風。

好客議長，讓賴議員杯酒釋兵權

邱議長個性溫和，謙遜好客，從政之前，在地方頗有人望，上任議長後三番兩次被賴議員找麻煩，雖然不會對賴議員有任何想法，但總也不是個辦法。於是邱議長透過地方關係，得知賴議員與一位開油行的朋友素來交好（過去中油未設加油站，能開設油行是特權生意，多數是黨政關係很好），一日邱議長特地拜託開油行的老闆約賴議員吃飯，當賴議員依約前往一看到邱議長夫婦，當然心裡有數，加上席間油行老闆娘頻頻打圓場，左一句「手下留情」，右一句「同是在地鄉親」的說個不停，幾次下來杯酒言歡，終於與賴議員從對立到握手言合；賴議員在他個人回憶錄中曾提及：「我與邱議長的關係其實就是一張白紙，沒有絲毫公私情結，最終大家以和為貴，說起來，天下本無事，庸人自擾之。此後兩人雖政黨理念不同，一個國民黨議長，另一位則是忠貞黨外議員，議會堂上共為地方福祉，私下早成為至交好友。」

府會雙龍與黨外議員，好個「三陽開泰」

邱議長和賴議員化敵為友後，加上賴議員和陳進東縣長亦父亦友的交情，很快的這三人有了更好的連結；一次聚餐之際，才發現竟然生肖都一樣。宜蘭縣府會雙巨頭加上賴議員：縣長陳進東屬羊，婦產科名醫，年長賴議員二十四歲；邱永聰議長，婦產科名醫，比賴議員大十二歲也屬羊，當三人第一次聊到此事時，竟不約而同，異口同聲的說「三陽開泰」；從此三人關係更為拉近，縣府有趣的三陽開泰故事也不逕而走。

至此三人關係大為友好，經常分別在縣長家或議長家與縣長夫人及議長夫人五人餐敘，賴議員在議堂上雖是大砲直言不諱，生活中卻是最受歡迎的主角，有他在的場合往往笑聲不斷，就會有熱鬧滾滾的氣氛。有一次縣長家五人餐敘中，縣長夫人突然冒出玩笑說：「賴議員啊！妳比縣長、議長都年輕許多，但你每次和小姐一起都要付錢給小姐，多沒意思！反而是年長的縣長、議長，每次看小姐，不但不用付錢、小姐反而要付錢給縣長跟議長呢！（意指兩位都是婦產科醫師）。」賴議員一聽就馬上神回應，接口縣長夫人說：「縣長夫人，你搞錯了！我看的小姐都是年輕、活潑、可愛的，縣長跟議長看的小姐都是：進廠等維修的故障品，怎麼可以相提並論呢！」全場一陣哄堂大笑。

原本賴議員和縣長陳進東就是好朋友，自從與議長邱永聰化敵為友之後，加上宜蘭市長葉煥培，經常會在下班後召開「四健會」，打打衛生麻將；通常是縣長下班前，會從縣長辦公室打電話先告知賴議員下班時間，其他話也不必再多說，彼此「心照不宣」，當然明白這就是賴議員發布「麻將召集令」了，便趕緊通知邱議長、葉市長，共四人，常常在賴議員開設的「中國鐵櫃行」內的後廳，展開方城之戰。賴議員經營的公司，同時也是他的服務處，位於宜蘭市中山路馬路旁，就在邱議長的新生綜合醫院正對面，路過的行人，絕對想不到裡面坐著宜蘭縣府雙巨頭，還有「地主」宜蘭市長，加上頭號反對派賴議員，正在桌上聯誼；可見當時黨派對立沒那麼嚴重，即使有衝突，也是對事不對人，再再體現當時縣、議長與地方民意代表上下和氣共融的現象，如此和諧有人情味的政治生態，實有別於現今壁壘分明的朝野分裂與惡鬥亂象。

第三章

進則盡憂國憂民之誠

——雙颱危機中，安定民心帶來希望

接連的解拉颱風、吉達颱風相繼重襲宜蘭，致使全縣成為一片汪洋的重災區，當時，邱永聰奔忙於勘查地方災情，希望能在第一時間親自了解民間疾苦，積極爭取中央省府的補助支援，並悉心體恤受災人民的身心安頓。

解拉颱風來襲重創宜蘭

一九六七年十月因解拉颱風強烈來襲，引起山區洪水爆發，全縣十二個鄉鎮中，就有七個遭受嚴酷災害，損失估計高達一億二千多萬元；更有六萬四千多位災民，等待各方救援，豈料一個月之後，再次因吉達颱風的侵擾，再次造成重大災情，此次受災地區，依然集中在溪南的蘇澳、冬山、三星、五結等地，根據當時縣府初步盤查，至少超過三十個村里被洪水圍困，竟有一萬多人仍陷於洪水濁流。蘭陽地區水勢仍大，積水未退，冬山、五結、礁溪等鄉鎮田中積水仍深，水稻一片焦黃。當時邱永聰議長陪同省主席陳大慶視察勘災；隨即針對救災措施決議三點：

（一）請政府補助受災農戶明年春耕種子及肥料。
（二）請政府在災區辦理無息食米貸放及長期低利貸款。
（三）頭城崩山災民，請予特別救濟。緊急調撥空軍直昇機至金祥村空投糧食。

當時擔任救災會主委的邱永聰議長，特地向媒體呼籲多予支援報導：頭城因發生崩山，災民無家可歸；由於洪水氾濫，致使南澳中學教室遭泥沙埋沒、農田流失十多甲、堤防全毀五百多米，半毀亦長達一千多米，除中央政府緊急救災，更需各界人士給予支援。

發揮各界人脈影響力全面救援

碧候村因山洪暴發後崩山，澳花、東澳兩村亦各有死傷，二十二日，縣長陳進東、縣黨部主委余學海、議長邱永聰再次乘直昇機到南澳勘視，當時金洋村尚有五百人在斷糧狀態中；碧候村也因山洪暴發，發生崩山交通斷絕，數千災民有斷糧之虞，返回縣府後即請有關當局核准用機動船隻由南方澳港運糧接濟。其中一位是衛生所呂三歌醫師，他因公前往澳花村診病歸途中，竟被洪水沖走，呂醫師係高雄醫學院畢業，上有八十三歲老父和妻子，當時邱永聰議長動員醫師公會的影響力，給予呂醫師遺孀撫卹救助，以祈逝者安息。

時任救災會主委邱永聰議長，另召開緊急座談會，討論處理水災善後問題；宜縣此次水災之嚴重性，不下於八七水災，他籲請政府援照八七水災事例，以人力、物力、財力支援宜縣重建。座談會中議員們發言甚為踴躍，並綜合提出決議：

（一）請政府在適當公共房屋，設置災民收容所，藉以收容無家可歸災民。

（二）到目前為止災區消毒尚未展開，請趕快進行。

（三）土地流失貸款請免除利息，並於三年後開始還本。

（四）請政府洽請水泥公司低價拋售水泥，供應災區重建。

（五）舊欠稅請暫緩處理。

（六）請政府重新調整災區地目等重建事項。

（七）請水利會減免農民水費。

屋漏偏逢連夜雨，船遲又遇打頭風——吉達颱風接續來襲，兩個強風勁雨颱風，導致災情雪上加霜，大半宜蘭縣宛若汪洋

近月來宜縣因解拉颱風重創，軍民合作於各地災情搶修，不料一個月後，吉達颱風侵擾，竟又狂下豪雨，整個宜蘭縣舊痕未復，新創又生，新城溪與羅東溪搶修的堤頂，不敵洪流不斷沖擊，這兩座堤防再次潰決，來自新城溪的洪水再次將蘇澳鎮的存仁里、龍德里、永樂里和新城里變成水

鄉澤國，而羅東溪之水，則向冬山、柯林、大進等村奔流，冬山鄉的太和、安平等十餘村，亦是汪洋一片，甫經搶修完成的攔沙壩也崩潰，冬山河本就彎彎曲曲再加上泥沙淤積，排洪能力弱，導致一千多公頃的農田都被洪水淹蓋。蘇澳居民三千多人，經搶救脫困者二千多人；冬山、五結因淹水面積廣闊，缺乏救生工具，當時估計約一萬多人陷於洪流危險之境。

當時議長邱永聰冒著風雨，從宜蘭強行前往蘇澳。從宜蘭出發時，風力僅在六級左右，越往南風力越大，才過蘭陽橋，風力即明顯強勁，車到羅東冬山公路時，風力已達十級左右，汽車在強風勁雨中行駛漸趨困難，行車不時左右搖晃，道路兩旁田間陣陣濁浪，許多房屋農舍只露出屋頂，才到冬山就因為風強雨烈而被迫中途折返。這時候坐在車內的邱議長與隨行記者，隨時有危險之虞，一行人抵達冬山鄉公所，無奈折返宜蘭。

當此危急之秋，羅東軍民合作搶修鼻仔頭堤防，有三百多人頂著無情風雨與洪流拚搏。鼻仔頭堤防，甫經兵工搶修一月內完成，由於高度不夠，十八日竟再次陷於危急狀態。這條堤防若失守崩潰，整個羅東鎮就變成澤國，所幸軍民上下數百人，自十八日清晨起，齊心奮力合作，不斷加強，才稍告穩定。

宜蘭縣災後重建計劃——需款一億七千餘萬元，府會首長向省政府提重建計畫

吉達颱風造成的災害，可說是解拉豪雨災害的延續，議長邱永聰與宜

縣官員各方努力奔走，自解拉水災發生後，來自各界救助六十萬元，米三萬多公斤，這些數字，本是杯水車薪，孰料一個月後再發生同樣的洪災。十一月縣長陳進東、議長邱永聰、國民黨宜蘭縣黨部主委余學海，向省政府黃杰主席，就宜蘭縣的災後重建計劃提出報告，並希望早日核定。宜縣因接連受到颱風洪水重創，整個重建計劃，經評估調查核算結果，需費一億七千五百六十三萬二千四百九十七元，其重建項目為：

（一）民房重建平房六十戶，樓房一百五十戶，半倒整修一百三十八戶，貧民住宅丁種二十二戶、戊種十八戶、己種十二戶，無法貸款之貧戶每戶補助水泥一百包。

（二）農業重劃的農地補助復耕工資，稻種貸款。

（三）林業災害重建。

（四）水土保持災害重建。

（五）漁業災害重建，包括漁港、魚池、漁船、漁網等修復費。

（六）畜產災害重建，包括生產貸款及畜舍消毒及疾病防治。

（七）工礦災害重建，長期低利貸款。

（八）各校校舍設施重建。

（九）公有建築物重建。

（十）道路橋樑災害重建。

（十一）水利災害重建，包括二十四處堤防重建，灌溉圳六十二處重建。

（十二）衛生重建，包括十隱、大進水災重建。

當年接連的颱風洪流，導致大半宜蘭縣的房舍、良田作物慘遭天災摧毀，時而可以看到婦孺相擁而泣，悲情慘況；幸好府縣一心，戮力共濟；邱議長多次親自勘查，登高一呼各方積極動員：後備軍援、地方仕紳、中央政府齊心救災，群策群力於重建復原。撫今懷昔，仁民愛物，德厚流光如他，予後人垂範遠長。

第四章

政清人和，高識智遠，先見之明的領航者
——引領宜蘭發展的重要推手

律己秋氣，處世春風，聰和睿知，德劭隆重，邱永聰是一位沒有敵人的縣議長、立法委員，更是早期引領宜蘭發展的重要推手。

一九七二年一月二十日　晴20度

06：00—07：30　Play Golf

10：30—　壯圍鎮安宮贈匾

14：30—16：30 宜蘭縣府禮堂，交通處長座談會提出建議：

1. 北迴鐵路興建
2. 南方澳漁港疏濬問題
3. 蘇澳港貯木池
4. 北宜公路未完成問題
5. 宜蘭航空站

17：00— 大學服務團議長室座談會

19：00— 大學服務團聚餐

——摘錄自《邱永聰日記》，反映出心心念念愛宜蘭的情懷

步入工業化先從建港開始

對於蘇澳闢為木業港，議長邱永聰認為，一個港口的闢建，應從國家

利益，地方均衡發展，以及經濟發展遠景，不應是哪個開港促進委員會組織大，即開闢哪個港口，政府應聘專家勘察，針對技術與地方上的問題，予以公平論斷處置。邱永聰更呼籲：蘇澳港適合建為木業港的問題留給專家去研究，他個人認為，一個港口的建立，應是在「施工易、費用小、收益大」的原則下來決定開闢與否。

邱議長認為，宜蘭地區的工業化和開發，應從木業港的建立開始，一定會起飛，等到蘇花鐵路完成，地下資源的開發，宜蘭地區礦產由蘇澳港輸運，對國家資源開發有幫助。他說，用極少費用，把羅東附近的木材業發展起來，蘭陽平原開發起來後，全省的經濟可以達到平均發展，這是宜蘭四十餘萬縣民所迫切希望的願景。

大南澳農村，行通電禮

一九六九年三月二十五日宜蘭縣大南澳農村通電典禮，在南澳國民中學大操場舉行；地區的開發，必須具備交通、電力、資源三個條件，南澳資源蘊藏豐富，公路交通有蘇花公路，不久之將來，蘇花鐵路亦將開始興建，如今南澳電力接通後，預期未來前途發展將不可限量，當地居民生活亦將進入現代化新里程。議長邱永聰指出，議會最大的功能是建議政府，傳達民意，解決民眾的困難，現在政府能不遺餘力，使南澳山地農村大放光明，這種對地方劃時代的建設，將使南澳居民永誌不忘。在通電典禮中，縣長陳進東將電鈕按下時，南澳山區百燈初上齊明，萬千居民山胞回以熱情歡呼。

親組清晨散步會，力促建設龍潭湖風景區

龍潭湖位於宜蘭縣礁溪鄉龍潭村，三面環山，舊名為「大埤」，俗稱「大陂湖」，為昔日「蘭陽十二勝」之一，亦是「蘭陽五大名湖」中面積最大的湖泊。縣議長邱永聰倡議建設礁溪龍潭湖，並且獲得各界良好反應與支持，宜縣團管區後備軍人以義務勞動方式種植花木，美化環境。向來與議長默契十足的陳進東縣長，想當然耳，亦公開表示，高度支持邱永聰建設龍潭湖的構想。當時國民黨宜蘭縣黨部所組的革新小組，也協助邱永聰早日提出建設龍潭湖方案；在邱永聰的構想中，可以步行四十分鐘的

道路，加上鋪設柏油，臨湖的沿岸，遍栽柳樹，長大後柳條垂入湖中，可平添無限詩意（即現今的龍潭湖風景區）。

邱永聰是行動派，馬上親自組了一個「清晨散步會」，每天早晨就到礁溪龍潭湖散步。早晨的龍潭湖，湖光山色景色宜人，朗朗晴空時，湖水倒映山巒樹形，如詩畫般可人；陰天薄霧，整個湖面仿若籠罩一層面紗，忽隱若現；環湖約四十分鐘，散步過後，肺部充滿新鮮空氣，神清氣爽，對健康大有裨益。邱永聰呼籲大家：人到中年，活動筋骨機會漸少，容易發生各種「中年文明病」，血壓增高、神經痛，逐漸發胖，但中年人不宜做劇烈運動，所以散步最好，他建議四十歲以上的青壯中年人皆來參與散步會，除能活動筋骨，且早晨散步，效果更多。一年來，邱永聰除非離開宜蘭，幾乎天天都到龍潭湖散步，時而三五好友同往、時而與夫人同行。他分享，早晨的龍潭湖，別有情趣，在這環境氛圍中散步，人與人之間會產生物我合一、相知相惜和美好溫馨的情懷。

興建北迴鐵路——蘇花鐵路或花蘇鐵路？

一九四七年國民政府計畫開闢從宜蘭到花蓮的北迴鐵路，但因地形多山導致量測困難，直到一九六九年才有初步定線規劃，一九七三年開始，北迴鐵路正式被列入十大建設中。早期為促進花蓮至蘇澳鐵路早日通行，宜花兩縣首長，在花蓮縣議會舉行會議，討論如何促使這條鐵路及早興建。宜蘭縣長陳進東、議長邱永聰、副議長謝阿旺，為促進興建蘇花鐵路，協同花蓮縣長柯丁選和議長葉祐庚，彼此交換意見，早期在礁溪吳沙紀念館舉行座談會，雙方對於命名「花蘇鐵路」或「蘇花鐵路」互相論述；而省府有關單位原則上支持興建蘇花鐵路，軍方也認同蘇花鐵路具備相當國防價值，對地方經濟、交通、等多方面的巨大建設，皆可實現。

之後，邱永聰一路從議長到立委，推進北迴鐵路興建不遺餘力；邱委員多次力薦政府及早興建北迴鐵路，以利開發東部資源，減低西部人口壓力，平衡城鄉發展，進而繁榮地方經濟。邱委員向行政院長蔣經國先生質詢：近年來政府從事各項交通建設，偏重於西部，忽略東部，以致西部繁榮，東部愈發落後。然而北迴鐵路的實質價值，不僅貫通東部與西部，北部交通，在國防上亦有其不可磨滅的價值，政治意義不遜於經濟價值。

最終，列為十大建設之一的北迴鐵路，在大家多年齊心努力下，於一九八〇年二月一日，蘇澳到花蓮這段東部鐵路運輸最後一段，北迴線自此正式全線通車；施工六年、投資七十三億元，原想解決東部地區聯外交通問題的鐵路幹線，意外成了台鐵最賺錢的一條「黃金線」。北迴線，北起蘇澳南至花蓮，串起台灣東部交通發展，為未來的東部發展帶來了重大影響與改變。

爾後，邱永聰一路從地方代表到中央立法委員，他憑藉優異的本職學能與深耕穩健的地方關係，極具國際觀的開闊視野，不斷的力薦地方建設，制度改造，向中央爭取，建設蘇澳港、開辦宜蘭在地的大學、改善北宜公路、橫貫公路修葺、爭取宜蘭聯外交通道路（一九九一年雪山隧道開挖，二〇〇六年完工）、倡議縮短城鄉差距、戶戶有水（自來水）、家家有電；開發「落後地區」的治本做法，改變農業結構，逐漸消除貧富差距問題。

邱永聰秉持一貫親民的特質，以德服人、立場客觀，不偏頗於黨政一方，除了完成許多宜蘭的重大建設，也創下中央和地方合作的佳話，於是在一代代宜蘭縣政治人物的努力傳承下，才能成就現今宜蘭繁榮發展的良好基礎。

第五章

苦民所苦，大愛無疆
——催生「優生保健法」

唐代醫神孫思邈有言，醫有三品：上醫醫國，中醫醫人，下醫醫病。他在《千金要方論診候第四》提到「古人善為醫者，上醫醫未病之病，中醫醫欲病之病，下醫醫已病之病。」《國語》中的「誠莫如豫，預而後給」，即告訴我們「事後警戒不如事先預防」，為政之道或在其中矣。

誠莫如豫，在醫言醫

早期紅十字會及衛生處聯合在宜蘭縣設立血庫，分為存戶、個人存戶、醫院存戶、機關團體存戶三種，醫院會派醫師、技術人員及護士任血庫保管工作，由當時的邱永聰議長身兼主任。當時人民對於醫療知識缺乏，供血者不踴躍，來自人們仍存著抽血有礙健康，對身體有害的錯誤觀念，事實上不但不會有害，甚至於還可促進新陳代謝；邱議長倡導勸籲捐血是自救救人，自利利他的高尚行為，期盼各級單位、人民能自動前往檢血、存血。邱永聰更是常常在醫言醫的宣導衛教，提倡中年以上能養成定期檢查身體習慣，防範於未然，目的就是希望實施沒有各類健保補助之下的預防性檢測。

一九七三年，邱永聰擔任立委時，為加深民眾對防癌的常識，養成早期發現即早治療的習慣，同時配合內政部機關單位加強宣導；當時由醫學界、工商界等籌組「中華民國防痛協會」，邱永聰就以深厚的醫學背景，積極參與活動，協助協會擬定各項工作計劃：（一）協助貧民施行定期癌症檢查；（二）加強防癌宣傳教育；（三）籌募防癌基金，以期能有效推廣防癌工作。

悲天憫人，疾民所苦，催生「優生保健法」

一九六〇、七〇年代之交，盛行多子多孫多福氣的思想風氣，基層人民普遍缺乏節育的醫療衛教觀念，以致政府積極倡導家庭計劃，當時行政院通過「加強推行台灣地區家庭計劃第三期計劃」，以期人口自然增加率在一九八二年時能降至千分之十六點二。當時，邱永聰立委就向行政院長嚴家淦質詢時提出相關數據：台灣活產胎兒與墮胎胎兒比數，是一百比一百五十，可見私下墮胎行為頗為盛行，然而正因為該行為於法律責任上定義為非法，以致合法醫師不願施作，孕婦得不到安全醫療保障，往往必須冒此生命風險。

一九七九年發生彰化出品米糠油食油加入多氯聯苯，食用後引起皮膚怪病，堪稱台灣環境公害史上最嚴重的中毒事件，造成全台至少兩千人因進食受汙染的米糠油而受害。其中以台中縣神岡鄉、大雅鄉，彰化縣鹿港鎮、福興鄉為受害最多地區，估計兩千多位民眾因多氯聯苯中毒而長期受害。再加上因多氯聯苯中毒的孕婦，所生子女皮膚變色，更屬不易醫治的毒害，嬰孩即使長大成人，也可能終身深受其害，甚至禍延三代，這個悲劇是可以顯而預見；當時中部地區受多氯聯苯之毒的孕婦，產生恐慌不希望影響下一代，紛紛要求墮胎，但合法開業醫師不敢做，因法律規定不允許墮胎。

邱委員於立院質詢時提問：「讓孩子先天帶有毒素而降臨人世，究竟是人道還是不人道？」邱立委向行政院長孫運璿質詢時指出，台灣每年約有五十萬名以上的婦女進行墮胎，可見人工流產行為盛行，法律精神已蕩然無存，然而，這種不合社會價值判斷的法律即為「惡法」，在良法未修正之前，司法機關為維護法律的安定性，也只好本著「惡法亦法」為原則，依法執法；而在「我國人口政策與人口計劃之探討」報告中顯示，以法律禁止人工流產手術，反而有害健全醫療服務系統；此外，在政府推行家庭計劃，保障婦女健康，提高人口品質，解決人口問題的同時，邱永聰立委更以先進國家立法為例考量，分別以優生學、醫學理由、社會理由、經濟理由，希望司法當局研究修正草案，對有關婦女人工流產限制考慮局部的開放。

為避免悲劇延續後代，造成未來家庭負擔與更多的不幸影響與社會問題，當時邱永聰立委於立法院多次疾聲呼籲司法、行政部及衛生署，就有關法律作適當解釋，刑法規定：「因疾病或其他防止生命危險之必要墮胎者，免除其刑。」而是否適用多氯聯苯中毒孕婦施流產手術，須由司法當局解釋：「能否准許因多氯聯苯不幸中毒的孕婦作人工流產。」這是迫切而現實的問題，司法與衛生主管當局應高度重視，迅速處理，也才是真正合乎人道。雖然後來政府並未採納此議，邱永聰也不氣餒，進而積極促請早日針對「優生保健法」寬納各方建議，進行修正提案（「優生保健法」於一九八四年、民國七十三年正式公布）。

推陳社會保險，促進全民健康福祉

台灣勞工保險於一九五〇年（民國三十九年）開辦，勞保基金主要係建立完善勞工保險、就業保險、農民健康保險、職業災害勞工保護業務制度，提供適當給付保障，以期維護被保險人安全生活。邱永聰委員多次於立法院內政委員會提出質詢，促請政府加以重視。一九七三到一九七五年行政院以書面答覆立委邱永聰；試辦農民健康保險，然推行之各項農業措施，旨在提高農民所得，縮小農、非農之間的所得差距，同時立院積極將加速農村各項措施建設，另將相較貧困、濱海地區列為優先處理，雲林縣與宜蘭縣沿海低窪地區，將以專案計劃列為漁業專業區，改善漁民養殖生產環境。

多年來邱委員多次於立院質詢提出有關社會福利保險改善：

- 職業災害與普通事故將實施差別保費率、勞保費率將彈性調整。
- 疾病給付增列結核病及精神病。

- 倡議應將老年一次給付改為年金制。
- 主張提高勞保醫療給付。邱委員分析提出：公保平均每年透支一億元左右，勞保則年年皆有結餘，公保的醫療支付佔全部開支的百分之五十三到五十七，勞保的醫療支付則僅佔總開支的百分之十三到十六。勞保醫療給付偏低，相形之下，差得太遠，對勞工們應享的權益，顯然有所損害，邱委員提出政府應提高勞保醫療給付，政府應設立慢性疾病醫院，治療患職業病之勞工。

放眼全球開發中及已開發國家，他們均以社會保險制度與經濟發展計劃，為列入福利國家的兩大重點，台灣政府在經濟發展中已非常努力並很有成就，但在社會保險方面，相較美國、日本等先進國家標準，仍差之甚遠；在一九七四到一九七五年立法院高度重視關係著全民福利的議題，促請行政院妥速規劃設立主管社會保險機關，早日實現社會保險理想。然而社會保險範圍之中，以健康保險最為重要，要做到全民健康保險，政府必須有極大的魄力；當時邱永聰立委是主張政府應從速規劃設立社會保險機構，辦理全民保險著力最深的委員，他以日本實施全民健康保險過程為例，日本每年在此社會福利虧損多達日幣二千億元，政府負擔甚為沉重，多次提出修改保險費率議案，到日本國會審議，仍有部分議員反對，從日本實施經驗中，可見實施全民健康保險，著實不易；邱委員不諱言其中一定會有許多施行時的實際困難，尚待政府設法逐一克服：

一、**醫療機構設備不夠：**平均每萬人口中的病床數，日本、美國為一百一十床，台灣僅有十床，僅是日本、美國的十分之一，如若實施全民健康保險，增加病床數則為勢在必行；若干具規模的醫院，病床數雖不少，但卻多為慢性病患所佔用，而真正急病患者，卻無病床可用。邱委員建議由政府鼓勵輔導民間設置慢性病醫院，既能妥善休養醫治慢性病患者，又可增加病床數，解決急性患者、慢性病患者治療與供需平衡問題。

二、**醫師人才不夠：**台灣當時一萬人中只有七名醫生，實際執業者僅四人，相當於二千人中才有一名醫生，相較於美國、日本，每百人中有一名醫生，台灣顯然落後。然而台灣醫師不夠背後的問題，尚有：

- 公立醫院待遇太低，留不住人才。

• 醫師執業考試太難，醫學院畢業的學生無法考取執照不能執業。

• 醫師外流到美、日、加等國情形很嚴重。

政府倘若決心辦理全民健康保險，勢必要積極面對，設法解決醫師人才養成與培育問題。

三、社會觀念的問題：國外大企業家多投入創辦醫院、醫學研究機構事例；台灣此等風氣尚微，政府應呼籲各界企業，了解自身社會責任，「取之於社會，用之於社會」。各界企業人士如能捐資創辦，造福鄉里，大眾受惠，那將是極具社會意義的美事。

四、政府財力負擔的問題：辦理全民健康保險，政府資金壓力勢必沉重，然而維護全民健康，使國民生病能獲得及時治療，是政府無可推諉的責任。

最終，在各界人士齊心努力之下，全民健保自七十七年開始規劃，正式於一九九五年、民國八十四年實施。

第二部

•

典範在夙昔
人生咫尺千山路

•

懷念父親與母親

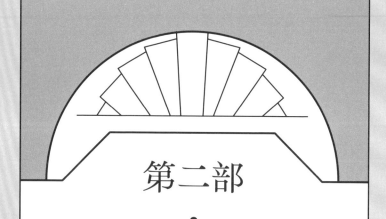

母親留下的最珍貴禮物：愛與堅忍的典範

邱文顯

二〇〇三年二月八日清晨，母親永遠的離開我們，回到天家，與父親、順愛相會了。當天晚上回到建國南路空空洞洞的家，看到母親慣坐的椅子、愛喝的咖啡、一大堆的藥包，心裡一陣酸楚與不忍，跌坐在沙發上，久久無法自抑。等情緒稍稍平復，走進母親房裡，看到桌子旁邊堆成一疊的筆記本，又是一陣難過。那是父親中風無法講話以後，十五年來我們與父親以筆交談的紀錄。翻開筆記本，一幕幕場景躍然紙上，生動鮮明，心中卻明白，這些點點滴滴，所有的歡笑與眼淚，都只能化成久久長長的思念了！

對母親最早的記憶，始自日本。記得當時還四、五歲的我，不時得跟著母親一起到防空洞躲B—29的美軍轟炸機。戰爭時期食物配給不夠，母親常常得坐上四小時的車，再走上兩小時的路，才能拿回來一小袋的米和地瓜。即使已經如此盡心盡力，母親還是常常自責沒有給順愛足夠的營養，以致順愛長大後身體衰弱。順愛過世後，母親談到此事，總是哽咽難過。

回到台灣，父親在台北與新竹上班的這段期間，母親專心持家，整天照顧我們幾個小孩。還記得我剛上女師附幼時，母親總是在教室窗外我看得到的地方相陪，有時候她想偷偷先離開，我一定追出教室。母親無奈，只好全程相陪，結果母親竟不知不覺學會了幼稚園教的所有歌曲，最近還曾唱給悅秀聽。調皮的文揚則是會在幼稚園跟老師吵架，然後從禁閉室爬窗溜回家。我與文揚的幼稚園經驗如此折磨，母親便決定不讓文達念幼稚園。結果直到最近，她老人家還一直懊惱當時的決定，因為她覺得文達一定會因為沒上幼稚園而在小學念得辛苦。

母親帶小孩的方式，是完全的支持與信任，但也寬嚴相濟。記得小時候我很頑皮，口袋裡常裝滿捲成一團的屋蟲，回到家裡，溫度一高，爬了一地，把母親嚇得說不出話來，但母親卻從未責罵我，反倒是習慣了就呵呵大笑。我也常跑到宜蘭醫院三樓的小閣樓上，從鳥窩裡拿鳥蛋，在醫院窄窄的圍牆上奔跑，母親每次都屏息不敢現身，因為怕嚇到我而讓我失足摔下，但等我下來之後就免不了一頓斥罵了。文達從小善良，看到流浪或被棄養的貓、狗，一律抱回家。母親雖然一方面要幫忙父親打理醫院，一方面要操持家務，十分忙碌，但為了不傷孩子的心，總是很有耐心的餵養這些貓狗。文揚喜歡音樂，經常呼朋引伴到家裡玩樂團，儘管吵鬧不已，母親總是和顏悅色、忙得十分開心。

母親是父親最得力的助手與最親密的戰友。在父親自己開業之後，母親身兼醫院的藥劑師與總管，不但藥房得忙，醫院的大小清潔工作、住宿舍護士小姐的生活起居，都得事事照料。父親選縣議員、立法委員的時候，母親每次都反對，但是一旦父親決定參選，母親也總是勉力而為，陪著父親四處拜票。母親的左耳還因為一次謝票所放的鞭炮而造成重聽，卻沒聽她對父親埋怨過。

從父親中風之後到父親辭世的將近十五年間，母親幾乎是衣不解帶地照顧父親的起居。看到母親忍著自己長年為類風濕關節炎所苦的病痛，耐心看護無法言語的父親，不忍之情，油然而生。中風以後的父親飲食習慣大變，常常沒有胃口，母親總是很有耐心的嘗試各種食物。記得有一陣子，父親什麼都不吃，只吃鹼粽，母親還特地到處打聽何處可以幫人蒸鹼粽。又有一陣子，父親只吃炒飯，母親便絞盡腦汁變化炒飯的佐料，以求營養均衡。看到母親以關節變形不很靈活的雙手，賣力的為父親準備餐食，心酸卻又感動。母親對父親無怨無悔的付出，讓我們兄弟有了愛的榜樣，與文揚、文達一同在父母的病痛中，學習到相互疼惜、體諒，與相互支持。

除了因為眼睛不好，幫父親剪手、腳指甲以及點眼藥的工作固定由我來作之外，母親總是儘量親自照顧父親。有一次父親住院，我與母親輪流看護，有幾個星期都待在醫院。不知何故，我也變得十分虛弱，稍微上下樓梯就喘得厲害。等父親出院後，母親堅持我去打打球，透透氣。拗不過母親，跟朋友去打了一場球之後，說也奇怪，身體狀況竟然改善許多。此後母親便不時督促我出去運動，她還開玩笑的說：「如果你也生病，我怎麼照顧兩個病人？」慈母的心真是又柔軟又堅強！

有一次帶父親、母親去海邊散步，母親牽著父親的手，慢慢走在沙灘上，兩雙腳印相依相伴，池邐纏綿，我在後頭看著父親與母親頂著海風的背影，平時很少禱告的我竟然強烈的希望上帝能聽到我們的心聲，讓我們能多照顧父親與母親幾個歲月。

然而，順愛的驟逝讓父親抑鬱終日，身體狀況一日不如一日，終告過世。父親過世以後，母親平時隱忍的類風濕關節炎更加嚴重，有時上下樓都要我背。母親怕增加我的負擔，平時都推說不想出門，寧願忍受斗室起居的生活。母親不喜歡多吃藥，但是文瑛周末來看她，她卻會吃了止痛藥，興高采烈的一起去上教會、吃館子。文達與文娟來探視母親時，她也總是忍住病痛，開心的聽文達談醫院與病患的故事。文揚、貴容從日本打電話回來探問時，也總是報喜不報憂。母親以她細膩的心來疼愛子女，默默獨自承受病痛的折磨。

母親走了，永遠的走了，但是她為我們留下了最珍貴的禮物——愛與堅忍的典範。

二〇〇三年於台北

與高貴靈魂交會，感到莫大幸福

林文瑛

我有幸與公公成為一家人，二十多年來，從健健康康到病痛纏身，看到公公波折起伏一路走來，始終實踐著高貴靈魂的自持與尊嚴，那麼自然的活出上帝所能期待於凡人的最不平凡的典範。即使在最後這幾年極度的病痛折磨中，公公還是表現了堅持生命尊嚴的意志與為愛受苦的決心，令人動容。如今公公終於走了，帶走一切的不捨，留下滿滿的追憶與思念。透過平凡生活的點點滴滴，公公的一言一行常讓我深深感動，二十年來，公公的生命史歌著實豐富了我的心靈，相信一定也牽動過許多人最美好的記憶。雖然公公生動的典範並非文字語言所能形容於萬一，同時公公生命意義的張力也絕對不是有限的記憶所能充分展現，然而，我還是願意嘗試將一些經驗感受寫下來，表達對公公的無限追思與敬意。

與文顯結婚後，兩人一起負笈東瀛，當時公公已準備從政壇及醫院退休，因此對於公公在政治上、醫術上的貢獻，我其實耳聞居多，並未親炙。但是，從公公生病遠離政壇，十幾年來依然有許多親友故舊與昔時病患，不辭遠路，前來探問的經驗裡，多少還是可以想像公公當年的為人風範。我自己婚後對公公的直接印象是：謙沖有禮，從不疾言厲色；溫和正直，從無貴賤之別。有一年回台灣過年，我把宜蘭家中不要的瓶瓶罐罐整理好，說：「好了，就等收破爛的來拿走。」公公在旁聽到了，微微一笑，說：「嗯，古物商真是對我們太有幫助了。」我第一次領受這麼溫和的教誨，驚覺到自己用詞上的職業歧視，既慚愧，又感動。過年前夕，公公主持的醫院照例大掃除，地板拖得很濕，我看到公公很客氣的對醫院裡負責打掃的老伯說：「地上太濕，容易滑倒，你要小心一點喔！」老伯會意，連忙說：「等一下我用乾一點的拖布再拖一下。」

公公對人溫和，對子女更是包容。文顯對我說，公公從來沒有對他們這些小孩說過重話，他們選擇的事，他一定全力支持，失敗了也從來只有鼓勵，沒有責罵。唯獨一次，公公去東京富士山下看文顯練賽車，並陪著繞一場之後，對文顯說：「練這個……好嗎？」文顯馬上知道父親的擔心，便退出賽車手的訓練了。後來我才明白，文顥每每以「你覺得這樣好嗎？」的溫和口氣表達相異於對方的意見，完全是受公公的影響。尊重對方，體貼別人，一直是公公待人的原則。

公公是位真正的紳士。台灣酷暑，公公最怕熱，卻永遠衣著整齊，不願隨便。身體康健時，即使家居閒時，我亦從未見公公著汗衫、穿拖鞋過，其克己復禮，表裡如一，可見一斑。中風之後，公公行動不便，仍很注重儀容的端整。有時看著公公吃力的穿衣、穿鞋，想幫忙，公公總是客氣的拒絕，勉力自行為之。他不願麻煩別人的個性，不只表現在穿衣行止上，最如實的反映是，他總是自己清洗、折疊貼身的衣物。公公愛好整潔，書桌、抽屜永遠整齊如剛整理過。生病之後，公公行動不便，卻仍吃力地維持這樣的習慣，一直到他無法自行下床為止。

記得婚後沒多久，公公婆婆到日本千葉看我們。我不擅烹調，下廚都要看食譜，十分緊張。公公特地在人前稱讚我，他說：「文瑛做菜很好吃，都是看書做的呢！」別人把這當笑話，笑我做菜還要加入書卷氣，我卻知道公公的心意，覺得很溫暖，不再因為做菜看食譜而心虛。反過來我倒是受到公公鼓勵的啟發，開始發揮讀書人的本色，起勁的在食譜上寫起心得與各種變化做法，享受「看書做菜」的樂趣。

印象最深刻的一次是，懷孕時，我因為害怕生產，情緒很不穩定，吵著要無痛分娩。那時剛好公公婆婆又去日本探視我們，公公從文顯那裡知道我的焦慮後，安慰我說可以陪我去看醫生，請醫生讓我無痛分娩。由於公公也是婦產科醫生，我相信公公必能說服醫生，心裡篤定不少。公公真的陪我去醫院，並一起進入診療室，很客氣的跟醫生說明他自己也是婦產科醫生，並向醫生解釋因為我很怕痛，希望醫生為我作無痛分娩。沒想到那位日本醫生竟然臉色一沈，很無禮地對公公說：「生小孩哪有不痛的道理？你自己也是醫生，難道不知道非必要時不要使用麻藥嗎？」公公很有風度的點點頭，說：「那就一切拜託您了！」也許是公公的雍容大度讓那位醫生自覺慚愧，在我們要離去時，醫生叫住公公，加了一句：「我會看情況儘量讓她不會感到疼痛的。」一出醫院大門，我迫不及待的向公公道歉，因為我的懦弱讓他受委屈了，公公慈祥地笑著說：「不要緊，接生次數一多，醫生有時會忘記人家是第一次生小孩。」當時，初夏的陽光從公公身後灑下，在我眼中，公公看起來真像極了頂著光環的天使。

如果不是公公婆婆的鼓勵，恐怕今天我也不會有機會從事最嚮往的學術工作。記得那年博士班考試放榜，打電話回台灣報喜訊時，公公婆婆毫無保留的歡欣雖然讓我十分溫暖，我還是忍不住透露了擔心博士學位耗時費錢的憂慮，公公卻在電話中不斷鼓勵我：「能唸書就要儘量唸，妳儘管放心唸。妳要知道，錢財固然必要，卻不重要，知識與對社會的關懷才是更重要的財富。」隔年公公婆婆再度到日本時，公公特地再次語重心長的告訴我：「能把日本經驗回饋到台灣社會就是留學的最大意義。」相處二十餘年，我知道對公公而言，只要是對社會、對家人有益，或是有助於心智啟蒙的事，就不必計較花費，就值得傾力以赴。公公從不談高調、唱口號，但是他二十年前就極力主張立法規範飲酒駕車，因為他視保護生命為最大的社會愛。

世事難預料，最諷刺的事是，與如此溫和、善良的公公能有更密切的接觸，竟然是因為公公的生病中風。公公中風以後，失去大部份的語言能力，右手、腳也開始不靈活，文顯與我決定回台灣定居，看看能否有些幫助。那時為了恢復受損腦部的功能，隔一天便必須上台大醫院作語言與手部的復健。作語言復健時，公公跟著復健師學發聲，從注音符號學起。公公每次都聚精會神，很認真地觀察復健師的口形，然後拿著鏡子仔細模仿出相同的口形，努力發出聲音。由於公公失去大部份的語音辨識能力，無法真確知道自己的發聲是否正確，也無法聽懂復健師的矯正指示，因此學習起來十分吃力，一個音常常要重複好幾十次。學會的字詞如果不一再複習，也很容易就又掌握不住正確的發音。在這樣易於令人沮喪的復健過程裡，公公卻認真積極，毫不懈怠，表現了無比的毅力與信心。通常在做完復健後，我們會去醫院對面的新公園散步，那時公公的腳步還算健朗，總是遠遠領先走在我與婆婆的前面，看到公園樹木的牌示，他會停下腳步，照著牌示上的注音，努力一遍又一遍的自己練習發聲。看到公公費力練習卻聽到他發錯音，讓後到的我總是十分不忍，猶豫著該不該出聲糾正。不得已出聲糾正時，公公臉上常會閃過些許失望，一絲羞赧，卻還是好脾氣的認真看著我的嘴形，跟著我反覆重唸。公公習慣走一段路就回頭等等腳步較慢的婆婆，記憶中，公公的神情從沒有半點不耐，只有無盡的溫柔，病中的公公仍然能讓我實際體會上一代的浪漫情懷。

為了希望早日恢復語言能力，文顯為公公買了一面特大的鏡子鑲在內湖家中的客廳牆上，這樣公公學發語時便不需要拿著鏡子來確認自己的嘴形，我們可以並排坐在大鏡子前，讓公公從鏡子中同時看到我們的與他自己的口形，方便比較。那時，文顯與我每天晚上輪流陪公公練習說話，公公認真執著得令人心疼，他常常專注地看著我們的嘴形，以致於口水留下仍不自覺，我怕公公難堪，不敢替他擦，只好輕聲告訴婆婆。婆婆體貼，總是以臉巾輕輕從公公的額頭擦起，最後再擦口水，心思細膩，真情感人。練完語言復健的日課，公公總會站起身，正面對著我，很用力地擠出依稀可辨的「謝謝」，滿臉笑容地伸出左手來跟我握手。有一次，公公也許是自己覺得沒進步，也許是我同一個音糾正他太多次，讓他覺得挫折，突然大喊一聲，就閉上眼睛，不言不語好一陣子。我嚇了一跳，不敢說話，低頭沈思。過了一會兒，公公突然輕輕拍拍我的手，努力想發出我先前教他的那個音，當時我只覺得眼眶發熱，怎麼樣也擠不出那個音來。

公公做事認真，盡心盡力，但是一旦他覺得已盡全力，仍然未見效果時，便會放棄得十分乾脆，再為自己設定新的努力目標。學習發聲說話的部份，很明顯的，公公的狀況逐漸退步，因此，一年以後，他拒絕再學發語，改為全心注意我們的嘴形，來了解我們的意思，並開始選擇筆談作為主要的溝通方式。由於公公語言能力受損，右手執筆也有困難，筆談方式對公公而言仍然是一項常人難以想像的艱辛挑戰。為了加強文字溝通能力，公公把原來記日記的習慣，改成每天努力抄報紙的重要新聞，遇有忘記的字就查字典，查完字典就抄字義。記得那時公公只要吃完飯，就拖著蹣跚的步伐走進房間，捻亮書桌燈，艱難的用左手幫助右手拿好筆，吃力地一筆一劃照著新聞抄。隨著病情的加重，替公公買的筆從細字用簽字筆換到麥克筆，紙張從筆記本換到大本計算紙，公公卻毫不氣餒的每天與新字難詞奮鬥，直到無法握筆為止。看著公公認真的背影，婆婆總是憐惜地搖搖頭：「他一生認真，連生病了也不肯休息。」公公面對生命中的困厄，不曾退縮，更不曾縱容自己，他只是默默認真做自己能做的，一心一意努力超越命運的藩籬。公公的這種精神，讓我無法不看到常常為懶散與失敗找藉口的自己。

公公生活態度一向嚴謹，一絲不苟，生病後一樣律己甚嚴，自我要求很高。由於公公行動越來越困難，容易跌倒，後來婆婆為他準備了枴杖，他卻始終不肯用，寧願挺直自己的腰，艱難而謹慎的一步步慢慢走。每次到西餐廳去，起先我常隔著桌子幫他切盤裡的東西，公公一定禮貌的拒絕，堅持自己來，如果自己弄不好，會弄髒桌巾，他便寧願不吃。我原來以為公公是希望坐在旁邊的婆婆為他服務，後來終於了解，病中的公公是不喜歡在公眾場合被像幼兒般的對待，更不願意自己表現出幼兒般的行為，他希望保有優雅的權利。往後我便懂得請服務人員先把餐盤放我這邊，等把食物切好之後再放到公公面前，公公便用叉子吃得很開心。

在公公還能走動的這幾年，每逢星期天上完教會，問他要去那裡走走時，公公總愛去一些年輕時曾留下足跡的地方，看著他用歪歪斜斜的字體寫下「延平北路」、「波麗路餐廳」、「大稻埕」、「中山北路」、「碧潭吊橋」等，總似乎看到受苦的靈魂中燃燒著不屈的希望，想藉著青春的回憶為自己打氣。有一次去碧潭看吊橋，那時公公已經很衰弱，走沒多遠，公公就示意要回車上，但是一走到車邊，他因為攝護腺的緣故突然急著要上廁所，問了路人，他們遙指山坡上的一棟建築物，我跟婆婆抬眼一看，都傻了眼，不管是山坡的坡度或距離，對急欲如廁的公公而言，都是苛酷的難題。不得已，我只好請婆婆向公公示意，不妨就地在旁邊灌木叢裡解決。沒想到公公竟然很有決心的開始爬坡，我和婆婆兩邊攙扶，短短的坡路還是費了將近十分鐘才到達，途中幾次顛簸，連婆婆都差點跌倒，但是公公終於漲紅了臉、滿頭大汗的走進男廁，婆婆怕公公心急滑倒，顧不得男廁的尷尬，也緊隨著跟了進去。隔了一會，看到他們兩位牽手相扶而出，互相整理儀容，我又是一陣眼熱。可敬的公公即使在最艱難的時候，仍然堅持有尊嚴的生活方式，絕不輕言低頭。而婆婆體會公公心意，絕不勉強公公稍做妥協，只是一心相隨，全力扶持，真情摯意，令人悸動。

後來公公行動逐漸失去控制能力，翻身常不慎跌落床下，於是文顯在公公床邊佈置了一堆棉被。有一次公公又不慎滾到棉被堆裡，動彈不得。聽到公公的叫聲，我進去房間用文顯教我的方法把公公「救」出來，安置在床中央後，氣喘吁吁的想去拿濕毛巾幫公公擦臉，公公突然又出聲叫了一下，我回頭一看，看到公公艱難的在空中揮動著瘦削顫動的左手，我趕緊伸手去握，公公抓緊我的手，閉上眼睛，留下兩行清淚，這是我第一次看到公公流淚，十分心酸。後來公公住到加護病房，每次婆婆去看公公時，都要為公公做腳部按摩，婆婆說：「這樣他就知道我來了。」很奇妙，公公的心跳次數的確常常就會加快。最後幾次去看公公，關起門為公公唱聖歌時，好幾次都看到公公的淚水從緊閉的雙眼中靜靜滑下。

我很了解，對絕對注重生命品質的公公而言，最後這一段醫療歷程所必須經歷的痛苦、無奈與無助，如果不是他對家人有愛、對婆婆有不捨，他早就會選擇離開了。我常常不解，像公公這樣的義人，為什麼上帝讓他受這麼久這麼大的苦？我好幾次想大聲問上帝：「受苦的意義是什麼？」直到公公過世，我凝視著公公飽受折磨卻十分安詳的遺容時，似乎終於能夠明白，公公其實是以他的生命歷程展現了人類尊嚴的具體意義，更以他自己的受苦活出了至愛的真諦。我知道對所有的親人而言，失去公公都是莫大的悲痛，然而，更重要的是，我們都為曾與這樣高貴的靈魂交會而感到莫大的幸福，並從中獲得精神層次的提昇與激勵，公公確實已經為我們留下最美好的典範，他，已經「打完美好的仗」，榮歸天家了。

一九九九年七月於台北

爺爺、奶奶與我

邱悅秀

憶起兒時，由於父母親留學日本，我一直在日本成長，因此不常有機會見到處處受人敬愛的奶奶，更不清楚自己原來有一位如此德高望重的爺爺。我只清楚地記得，每當爺爺偕同奶奶要到日本來探視我們時，我總是滿心的期待與雀躍，因為，又可以見到奶奶那永遠慈愛的臉龐、聽到爺爺那溫和的話語以及爽朗的笑聲了。在我的印象中，受到病痛侵襲前的爺爺，永遠是那麼地紳士、那麼地和藹可親、那麼地樂善好施；即使是中風之後，乃至臨走之前，爺爺都保持著寬宏的氣度，與認真不懈的精神。而奶奶，自始至終都追隨著爺爺的腳步，為著同樣的信念不斷努力。他們兩位如影隨形的恩愛景象，至今還清晰地烙印在我的腦海中。

國小一年級時回到台灣，有了與爺爺奶奶同住的機會。「妳是台灣人，還是落葉歸根的好。」於是，我比父母提前回台就讀小學。當時的我，忽然離開了父母親的懷抱，加上言語不通，心裡又是害怕、又是不安，成天抱著爸爸媽媽的結婚紀念照，走到哪兒，就捧到哪兒。奶奶為了怕我被相框的邊角割傷，費心地幫我在相框的四周貼上膠布，還笑著跟我說：「如果戳到了臉，妳就會變小花婆喔！」逗得我哈哈大笑。爺爺奶奶的慈愛，一下就讓我適應了不同的生活，只是抱照片的行為卻持續了很長一段時日。現在看到當時爺爺奶奶為我拍攝的日常生活照裡，我的身旁總是擺著父母親的結婚照，才猛然驚覺，當時的我有多麼的不懂事，爺爺奶奶看我那樣一定非常心疼又不知所措。

還記得有一次，原本睡鋪在地上的床墊的我，半夜起床如廁，卻驚見一隻好大好大的「喇牙」（一種狀似蜘蛛的大蟲），嚇得我哇哇大叫，奶奶聞聲拿著掃把趕來：「乖乖喔，別怕別怕，奶奶來了！」沒想到奶奶的掃把一揮，那隻「大喇牙」的肚子裡，竟然「嘩！」的跑出七、八隻的「小喇牙」……從那次之後，我說什麼也不敢睡在地上了，而奶奶怕我睡在沙發上不舒服，就讓我睡在爺爺旁邊，自己去睡地上。而為了怕自己隔天上學起不來，小時候的我每天睡前都會準備兩三個鬧鐘，結果不僅佔了奶奶的床位，我每天早上七早八早的鬧鈴聲還會把爺爺吵醒（後來我發覺，爺爺的「晚安帽」越戴越低，終於把耳朵都蓋住了……），真是折騰了兩位老人家。雖然來了這麼一個無知的小麻煩，爺爺奶奶卻從未責罵過我，還常偷偷在我枕邊放上驚喜的小禮物。我就在爺爺奶奶慈藹溫暖的呵護下，度過了回台後的第一個新年。日後，我才發現爸爸和文揚叔叔、文達叔叔與順愛姑姑的好脾氣與好相處，原來是完全來自爺爺奶奶的精神典範，孕育自爺爺奶奶充滿愛與和樂的搖籃。

住在爺爺奶奶宜蘭家的半年間，他們還費心地替我在宜蘭女子國小找到一位會說日語的導師，使我這個原本只會說日語及一部份台語的「旅日台灣人」（Japanese born Taiwanese，簡稱ＪＢＴ），在短短不到三個月的時間之內，便能夠以流利的中文與同學們嬉鬧在一起。那時，平常每天都由醫院裡的叔叔及阿姨用摩托車送我上下學，但每當一下雨，爺爺必定會開著他心愛的汽車到校門口來等我，無論他有多麼的忙碌。現在，那部轎車還陪伴著我們，每當我搭乘那部車，總會想起慈祥的爺爺專注駕車的神情。爺爺也常開車載奶奶和我來往於宜蘭、台北之間，記得那時，爺爺常常在加個油或吃個飯出來後，又開回原來的方向，當時總是奶奶先發覺：「咦？好像不太對喔！你係無係開不對方向？」爺爺一聽，發現真的弄錯方向，不好意思地大笑：「哎呀，糟糕、糟糕！」於是我們三人便笑成一堆，轉頭之後再重新出發。日後，奶奶和我還經常說起這段往事，我們都覺得爺爺真是可愛極了！奶奶說，那部車是爺爺精挑細選之後所購買的，距購買至今已有將近二十年。爸爸也說，那部車至今車況依舊非常良好，可以說是他所開過最舒適且耐久的車。爺爺做事的認真與一絲不苟，從選車就可見一斑。只可惜買車後不久，爺爺就中風而無緣再駕駛了。

爺爺中風之後，因為變得容易疲勞，不能負擔長時間步行，那部車更成了我們非常重要的生活伙伴。中風之後的爺爺常常心血來潮想到各處去走走看看，於是，由爸爸駕著那部車，我們與爺爺奶奶同遊了許多風景區與小吃餐館。宜蘭的梅花湖、龍潭、礁溪、冬山河、員山……等處，都留有我們和爺爺奶奶同遊的足跡。幾年之後，為了爺爺就醫方便，爺爺奶奶搬遷至台北定居，那部車依舊帶著我們遊歷台北地區的大街小巷、名勝、餐館。中風後的爺爺雖然無法與我們用口交談，卻會非常吃力地努力以紙筆歪歪地寫出「我們去〇〇好不好？」、「散步好不好？」、「去吃飯好嗎？」」等等話語。看到爺爺連生病之後的筆談都是這麼的謙沖有禮，而他的衣著又總是那麼地整齊清潔，我才真正體認到，我的爺爺是一位多麼高尚的紳士！而奶奶在爺爺中風後，更是寸步不離地陪著爺爺，儘管奶奶自己也為類風濕性關節炎所苦，但她從未有過任何怨言，總是堅強地為爺爺打氣，相信有一天爺爺會好起來。

最讓我感動的是，中風後的爺爺與病痛纏身的奶奶，依舊每年不曾遺忘過我任何一次的生日，直到他們的雙眼模糊、看不清楚日曆為止。每逢我的生日，爺爺必定要求當時為了就近照顧爺爺而與爺爺奶奶同住的爸爸回來帶我過去建國南路，並且拿起紙筆賣力地寫出字來，問我想到哪兒走走或吃飯、想到哪兒慶祝生日。不僅是生日，爺爺奶奶也常常關心我的學校生活，我那大大小小的考試日期、樂儀隊出隊表演的日子、科學展覽的比賽日期、體育競賽的日子……只要是我有告訴過他們的事，一定記得清清楚楚。為了回報爺爺奶奶如此關心我，事後我必定會向他們報告成果。如果順利成功，爺爺會很高興的大笑，拿起筆來努力地寫出有點歪歪的「恭禧！恭禧！」，並且高興地拍拍我的肩膀；倘若結果不如人意，爺爺會露出疼惜的表情，在紙上費力地寫下「沒關係，再加油！」，並拍拍我的肩安慰我，奶奶也會特地買我最愛吃的紅葉蛋糕，讓我的失落感拋至九霄雲外。他們總是那麼地和藹、那麼地慈愛、那麼地有度量、那麼地善體人意，我真的非常感謝上天，賜給我一對這麼令人由衷敬愛的爺爺奶奶。

這幾年來，常常有人問我，爸爸都不在家會不會比較寂寞？比較辛苦？比較不方便？我從來都是不加思索地說：「不會！」因為，爸爸是去照顧我最親愛的爺爺奶奶呀！從小，爸爸就很疼我，常常帶著我到處去跑跑跳跳，近幾年雖然因為爸爸不在我身邊而少了一些到處「撒野」的機會，但我知道爺爺奶奶與爸爸相處的時日不多了，而我還能和爸爸相處很久的。而且爺爺奶奶一直到失去意識之前都是那麼的疼愛我，我怎麼可能會有任何埋怨？我知道他們常常會覺得讓爸爸長年不在我身邊，對我不好意思，可是哪裡會呢？我只覺得自己沒有再多陪陪他們真的很抱歉。有時爸爸聽從奶奶的話回到家來看看我們，我和媽媽還拼命把爸爸「趕」回爺爺奶奶身邊呢（笑）！雖然，爺爺奶奶最後還是離開我們，安息主懷了，但大家都努力盡了一己之力，往後也才不會後悔，才不會對不起爺爺奶奶，也才不會對不起自己，我是這麼認為，而我相信父母親與叔叔嬸嬸們也是這麼想的。雖然爺爺奶奶已經到天國主的身邊了，我將期許自己在人世中，以爺爺愛人如己的精神與奶奶堅強慈愛的胸襟為榜樣，努力做人，以期能讓爺爺奶奶在天之靈，對我露出爽朗的讚許笑容。

二〇〇三年二月於台北

爸爸是我的好榜樣：為更多人的幸福而努力

邱文揚

爸爸與媽媽，兩人是非常恩愛的，常常形影不離。他們相敬如賓，夫妻之間的溝通方式坦率直言，互相理解互相扶持。爸爸媽媽教給我們：夫妻之間的同心協力是很重要的。媽媽一直幫忙新生綜合醫院的大小事務，是我們的好榜樣。

從小就看著爸爸勤奮的工作，為了醫院的發展，為了家庭的幸福。後來從政，秉持良心與誠意，努力的為鄉里貢獻自己的智慧與力量。從醫者仁心、造福鄉里至回饋社會國家，父親懷抱著大愛奉獻的情操，我覺得父親一貫的中心思想價值是：以和為貴，和藹謙卑，以誠待人是他的處世原則。父親多年的從政經歷，讓我們覺得：為鄉里做事情，為大眾服務，是很自然而有意義的事情。父親的典範移轉與生命智慧，讓我體會：人活著，不光是為了自己，也要為更多人的幸福而努力，讓愛的光輝更加燦爛，讓人的生命更加有智慧與恩慈。就像我們參與協助台灣人旅日急難救助的「海外守護天使」那個影片所敘述的一樣，大概是受到爸爸善於助人的影響，我和貴容也學會盡一己之力，來為同胞們服務。

從家族的角度來看，父親帶給家族最寶貴的資產是：信望愛。爸爸媽媽和我們在匹茲堡相處的時間，是我們一生中最難忘的時光，也是最感恩的心路歷程，謝謝您們對我這個因病痛傷腦筋的兒子，給予永遠的支持與鼓勵。當年爸爸媽媽常來看我們，大家一起玩得很開心。記得有一次到明治村，爸爸提議吃 sukiyaki（壽喜燒），因為可以學到明治時代 sukiyaki 真正的做法。原來平底鍋裏要先放糖，待糖融化之後，再把肉片放進去，兩面稍微煎一下，然後放入許多斜切的大葱，最後加入醬油與糖就完成了。每次煮 sukiyaki，爸爸都自己動手，所以他的「行動力」也影響我們深遠。對有興趣的事，想到就動手做做看，失敗或成功不用太計較。

回憶舊昔時光，在匹茲堡的半年中，我和貴容與爸媽每天相處在一起，和樂而融洽。每到黃昏就到 Sandy Park 去散步，那年的秋天，銀杏葉落了滿地，掉下來的銀杏也隨你撿，我們撿了一大堆銀杏回家，真是開心的時光，也是甜美的回憶。金黃色的銀杏葉大地，至今還是那麼的彩色鮮明，秋風息息，真讓人思念滿心頭！轉眼間就到了聖誕節，我們參觀了博物館、美術館、教堂、美麗的古式建築、匹茲堡大學……然後飛到姊姊住的加州，見識到霓虹燈滿街閃亮的拉斯維加斯。這一路有爸媽的相伴與經濟的支持，讓我們體會到父母的愛與關懷，是多麼的美好與幸福，永遠的感恩，永遠的懷念！謝謝爸爸媽媽對兒子的關懷與疼愛。爸爸媽媽，我愛您們。

爸爸很會整理東西，他的書桌一直都是井然有序，我常常看他在燈下看書，看相關文件，他的背影總是那麼感動著我。所以我常想：長大了以後要學著爸爸做事情，走公益的路。

雖然我的身體情況不如理想，想做的事情有時候實在沒有體力，勤務醫做了十年，一九八九年下定決心，自己開業。在日本名古屋西邊的清須市開了腎臟透析中心，以自己的痛苦與經驗，幫助同樣病痛的人。

◆名西醫院（Meisei Clini）http://meiseiclinic.or.jp

為了減輕患者家屬的負擔，也免費接送病人，就是希望無奈的透析人生，也都能家庭圓滿。

◆名古屋華僑總會http://nagoyakakyousoukai.jp/

二〇〇一年被選為名古屋華僑總會的會長，沒想到一做做了十八年。

二〇〇二年一月成立日台議員連盟，已經有參眾議員，市議員三十多人欣然參加，努力增進日本與台灣的親善與友好關係。

◆**海外守護天使** https://www.youtube.com/watch?v=DdUKmfVhMFo

近年來臺灣旅遊者的事故增多，對於旅遊中所遇到的困難也傾力相助。

二〇一九年九月於日本名古屋

就像自己的親爸媽一樣，永遠活在我們心中

石貴容

邱永聰先生與我爸爸石孜仁，是新竹初中以及新竹高校只差一屆的同學。後來邱永聰先生留學京都帝國大學醫學部時，我爸爸也到東京醫科齒科大學留學。所以每當爸爸提到永聰同學時，總是以他為榮，十分的敬佩他。當我和邱永聰先生、邱黃素女士第一次見面時，一種親密感油然而生，融洽而親切。

一九七四年十二月訂完婚後，文揚支身先回廣島大學繼續未完成的醫學部學業。沒想到在嚴寒的冬天，又加上多次重感冒之後，被宣告腎功能低下，要透析才能活下來，那時是一九七五年四月，文揚才二十九歲。文顯大哥得知之後，也經常從千葉趕過來照顧文揚，他很心疼弟弟的病痛。

四月初，當我們從台灣趕到廣島時，文揚瘦到四十九公斤，因為積水呼吸困難，只能坐著睡覺。我們既擔心又惶恐不安，不想簽字透析，內心掙扎了兩個禮拜。爸爸與媽媽看著越來越瘦弱的兒子，最後手抖的簽下同意書，文揚也流下眼淚哭了。這一生，他就流這麼一次眼淚，接下來就是接受命運，勇敢的面對，勇敢的走下來。

我當然也嚇壞了，但是我在心中對上帝許願並默禱，希望在文揚的有生之年，至少能過得跟普通正常人一樣，而且要活得沒有遺憾。於是瞞著父母，自己私下哭了又哭，下了決心，決定結婚。一九七五年九月文揚背著 Cordis Dow 小型透析機，回台北舉行婚禮。

婚後邱爸爸媽媽常來廣島探望我們。一九八一年，為了希望兒子病情好轉，就帶著我們飛到匹茲堡，接受換腎的手術。在美國的半年中，與爸爸媽媽相處的日子裏，是我們一生最珍貴的時光。媽媽與我一起去買菜做料理，爸爸帶著我們到意大利餐廳吃厚厚大大的 Pizza，中華餐館的木須肉，都是我們的最愛。

那時文達弟弟、順愛姊姊、冠秀也都專程過來陪我們，雖然說是等待腎移植，但是大家開心的生活在一起，現在想起來覺得好幸福。父母的愛、手足的愛，也讓我們終生回味無窮。後來順愛姊姊曾經讓兒子洪章利用暑假，來名古屋住了一個月，那時他很著迷任天堂的遊戲機，天天都在研究拳擊的設計。如今他成為動畫專家，是他的興趣與專長的結合，相信姊姊在天之靈一定很欣慰的。

文揚以身為醫者與洗腎者的同理心，於一九八九年在日本名古屋的西邊清須市創辦了名西醫院，這個腎臟透析中心三十多年來的宗旨是為更多人的健康與幸福而努力。二〇一九年十二月二十四日文揚蒙主恩召，二〇二二年四月二十五日紀念文揚的新名西醫院落成，我們全體同仁希望能繼承文揚的遺志，仍然在透析的領域裏，努力實現理念與夢想。我也繼續傳承文揚的心願，接棒擔任他做了十八年的名古屋華僑總會會長，努力服務更多的僑胞。

文揚和我共同走過四十五年的人生路程，即使有苦難，更多的是生命淬練後的甘甜，感謝我們攜手度過的美好歲月，總算沒有辜負邱爸爸媽媽對我的重托。

邱爸爸如果還活著也超過一〇五歲了，我始終覺得邱爸爸媽媽就像自己的親爸爸媽媽一樣。他們永遠活在我們的心中，永遠的想念，永遠的懷念！

二〇二二年八月於名古屋

懷念「院長先生」親愛的爸爸

康文娟

小時候，我家住在宜蘭，常坐火車到台北，偶爾也會搭巴士，但我最害怕的就是以前的北宜公路（俗稱九彎十八拐的山路），坐了不僅會頭暈，而且前面的卡車還會一直灑銀紙，真的太可怕了。直到二〇〇六年雪山隧道通車那天晚上十一點多，文達從醫院看門診回來，突然心血來潮提議去試開剛通車的雪山隧道，兩人懷著興奮的心情出發到宜蘭，只花了不到三十五分鐘就到宜蘭聖後街的舊家，當時文達很感慨的說真希望爸爸能看到雪山隧道的完成，他不知道會有多高興，文達回憶以前爸爸競選增額立法委員時，因選區涵蓋台北、基隆及宜蘭三縣市，需經常開車來回北宜公路，非常危險且辛苦，選舉的甘苦真的不是一般人所能了解。

公公是宜蘭的名人，老一輩的人提起邱永聰，幾乎無人不知：他是一名醫生，從京都帝大畢業後回台灣，三十多歲就當省立宜蘭醫院院長（記得文達當萬芳醫院院長是四十七歲，所以他每次都說他輸爸爸一大截）。後來公公從政擔任兩屆宜蘭縣議會議長及兩屆立法委員，從政期間為宜蘭盡心盡力打造了甚多的建設。我們都知道宜蘭本來是黨外大本營，但當時的黨外人士像郭雨新先生都對公公讚譽有加，更難得的是兩人還是好朋友。

家父康承炎先生是頭城人，從日本醫科大學畢業後，帶著新婚太太丸子富美子（康富美）回故鄉宜蘭，任職於省立宜蘭醫院內科。當時的「院長先生」（日語發音）就是邱永聰醫師，邱院長及院長夫人很照顧院內的醫生，因為家母是遠離家鄉的日本人，所以得到更多關照，從那時起兩家就成為最好的朋友。記得小時候，家父提起「院長先生」總是豎起大拇指稱讚「院長先生」是大好人、是人格者（日文意思是說人格高尚的人），雖然家父比院長先生大四歲，但是非常尊敬他，後來兩家成為親家也是家父、家母最高興的事。

還有讓人難忘的是公公最喜歡吃日本料理，每次一到台北來一定到西門町「麗都」日本料理店報到，連續三天吃生魚片，都不會膩。我常說雖然我有一半日本血統，但如果讓我連續吃，我大概也沒有辦法，可見他有多麼愛吃日本料理。記得文達因為爸爸太愛吃日本料理，有一次，還有一位師傅邀他一起開日本料理店。女兒 Ketty 從四、五歲就常跟著公公去日本料理店，當時就會點土瓶蒸和鮭魚卵壽司等，看來受公公影響很大。

公公做事一板一眼，做什麼事都很投入（這點文達跟他很像）。當立法委員時每次北上開會，常常看他在四樓書房挑燈夜戰，很努力的做功課準備立法院的質詢。還有更值得一提的是他從年輕時期就開始有寫日記的習慣，不管大小事，如家事、社團、醫院及問政等都詳細描述記錄。他走了後，我們拜讀了這些留下來的日記，看了非常感動，對他這麼有毅力打從心底的佩服。

公公不僅在醫學上有他的專長，更跨領域唸到美國匹茲堡大學公共衛生碩士，這對文達影響很大，三十年後他也到匹茲堡大學唸公共衛生還拿了博士學位。更難得的是，再三十多年後，兒子 Jason 在 University of Notre Dame 畢業後也選擇匹茲堡大學公共衛生學院完成碩士學位。當時匹茲堡大學校長還特別頒獎，並提到祖孫三代都在匹茲堡大學同校同學院畢業，在美國也是很難得一見的美事。

有時感覺公公外表有點嚴肅，其實他為人幽默待人誠懇，對下面的人一視同仁這也是他受大家愛戴的原因。文達真的很幸運有這麼一位父親做榜樣，不管在醫院管理上及醫療工作上，公公一直是他最棒的老師。我們永遠懷念公公。

後記

經過婆婆多年的禱告，公公八十歲時在醫院病床上決志信主，這是我們全家最高興的一件事，感謝主。

文達和我在一九八六年赴美，我們先在史丹福大學醫院擔任研究員，三個月之後到匹茲堡攻讀公共衛生博士，當我們在匹茲堡大學時忽然接到公公中風的消息，本想放棄學業回台，但是在婆婆的堅持下繼續修完學位，在此特別感謝婆婆及全家人悉心照顧公公，使我們能完成學業，心中充滿了無限的感激。特別是大哥大嫂從日本舉家回台，更是令人感動。

附錄

邱家家族紀事
——我們這一代與新世代的生命歷程

邱文達

邱永聰先生及邱黃素女士全家有三男一女，三位媳婦，一位女婿；一位孫子及二位孫女，一位外孫及一位外孫女，另有二位外曾孫和二位外曾孫女。

大哥邱文顯先生

省立宜蘭中學畢業後，就讀國立成功大學化工系，後赴日本，在日本千葉大學醫科畢業。從日本學成歸國後，在新生綜合醫院協助父親作醫院管理工作，使得業務蒸蒸日上，再創老醫院的另一高峰。後父親、母親相繼生病後，全心照顧父母，侍親至孝，為地方長子之典範。

文顯有一百八十公分的身高，文武兼備，不但學業成績佳，且有很好的運動細胞。年輕時在撐竿跳、標槍、司諾克等等均在省級運動會得過獎，網球亦有很深的造詣，曾獲選進入準國手。最近幾年則熱中於高爾夫及迷你高爾夫，為我國迷你高爾夫球代表隊。

夫人林文瑛教授，畢業於台大外文系，後留學日本慶應大學，專攻教育心理學。回國後服務於輔仁大學心理學系，期間致力教育改革，曾擔任行政院教改會研究組組長。後與楊國樞院士共同創設佛光大學心理學系、中原大學創立心理科學研究中心，潛心教學研究。

林教授是邱永聰夫婦最喜愛的大媳婦，相處十分融洽，且在父母相繼生病後，她與先生邱文顯持續照顧父母十餘年，在繁忙教育工作中仍肩負一切責任，令人感佩。

他們有一位愛女邱悅秀小姐，台北醫學大學公共衛生學系畢業後遠赴美國深造，取得哈佛大學公衛學院流行病學博士，並在該校完成博士後研究，目前在紐約西奈山伊坎醫學院擔任助理教授。

二哥邱文揚先生

文揚自幼即有語言、音樂的才華，並對機械儀器等有特殊興趣。邱永聰先生及夫人培養他到日本習醫並對身體狀況給予特別的關懷。

文揚於二十多歲發現蛋白尿，懷疑早期腎臟病；二十三歲到國際學友會日本語學校一年，然後進入廣島大學醫學部；二十九歲發現腎病惡化，開始透析；三十歲（一九七六年）隔年廣島大學醫學院畢業。

一年後（一九七七年）到名古屋大學腎臟內科擔任人工透析醫師，並繼續進修，三年後取得名古屋大學醫學博士學位。

一九八一年，在父母及夫人石貴容女士陪同下，經日本籍醫師 Dr.

Yuwatsuki 及中央研究院李景鈞院士的協助下，赴匹茲堡大學長老教會醫院找到全球最知名的 Dr. Thomas Starzer 作腎臟移植手術，手術非常成功。但從六月至十二月父母及夫人陪同等待腎臟四個月，十月等到腎臟移植，十二月返回日本名古屋，邱永聰先生當時是立法委員，為了兒子在匹堡住了半年，和夫人石貴容女士無怨無悔的照顧，大姊邱順愛及弟弟邱文達均赴匹堡陪伴，全家都歷經一段很艱難的歷程，但也是全家感情最凝聚的時候。

雖然文揚的事業一直順遂，但移植的腎臟逐漸損壞，可能是抗排斥藥物的毒性。三年後（一九八四年）恢復洗腎，直到一九九六年，透過武漢醫學院張亞平先生的推薦，在石貴容女士的陪同下，赴北京作腎臟移植手術，此次移植腎臟功能恢復了十一年，才逐漸產生慢性排斥。

在大學醫院工作十年，一九八九年（四十二歲）自行開業創辦名西醫院（Meisei Clinic）開業後營運良好，從未出現赤字，當年大學同事均仗義相助，如 Dr. Ota 理事長，Dr. Sugiyama 等，文揚心中異常感念。

執業三十年來病人越來越多，三十五個洗腎床，收治一百二十名洗腎病患，可以說每天都全滿，事業一直很順利，但維護身體健康仍需要很多時間，二〇一一年，再度恢復洗腎，也讓父母多所關心。

文揚雖自己身體常感不適，但仍關懷病人及醫院同仁。他也非常熱心僑務、貢獻社區，曾擔任名古屋華僑總會會長十八年，每年均捐贈三百餘萬日幣給僑社及弱勢族群。

邱文揚先生的歷程給我們的人生很重要的啟示，雖然他洗腎四十二年，換腎二次，一生都受病痛所纏累，並於二〇一九年十二月二十四日歸返天家，但他不僅能把醫院及事業經營管理得上軌道，而且同時投入貢獻於社區及僑社。

當然家人的支持、鼓勵及關懷仍是最重要的支柱，包括父母邱永聰先生、邱黃素女士及夫人石貴容女士等。

邱永聰夫婦在公開及私下都非常感謝石貴容女士。夫人石女士是圓環著名牙醫石孜仁醫師的掌上明珠且有很高的學歷，她在婚前即知道先生有腎臟的問題，仍決定嫁給他，和他一起面對不可預知的人生，令人敬佩。

在邱文揚先生整個洗腎、二次換腎及心臟手術等過程中，她所付出的精神與力量都不是我們所能想像的。邱文揚先生能夠在四十多年來身體狀況起伏的情形下，成功經營醫院、擔任僑界領袖及不斷回饋社會等，夫人石貴容女士當居首功。

如今，石貴容女士更是接續文揚的遺志，經營名西醫院及擔任名古屋華僑總會會長服務僑胞及病患，令人感佩。

長女邱順愛女士

邱順愛女士是邱永聰先生與邱黃素女士的唯一愛女，彼此的感情很深厚。順愛從小才華洋溢，成績一直都名列前茅，初中就能自己寫文章或作詩，常刊登於校內或校外雜誌上。後來發現有先天性心臟病，父母陪同赴日本檢查，結論是以當時的技術仍無法治療，但幸運的是她仍可以過正常的生活。

順愛於蘭陽女中畢業後，考上臺北醫學院藥劑學系，後嫁給葉全益先生。葉全益先生任職於台灣省菸酒公賣局，是位正直、敬業及愛家的公務員，順愛則服務於台北市立和平醫院藥劑科。兩人隨後全家移居美國，早期在San Bernardino經營汽車旅館，幾年後賣掉Motel，隨後搬至洛杉磯，葉先生任職於美國一家醫學檢驗公司，全家篤信基督，服侍於洛杉磯好牧者教會。

不幸，順愛到了五十餘歲，開始產生心臟衰竭及肺動脈高壓，於五十二歲過世，父母傷痛異常，邱永聰先生及邱黃素女士經常找尋報上類似女兒的照片，貼滿好幾本剪貼薄，可見其懷念之深。

兩人育有一男一女，長女葉冠秀（Cindy Yeh）是邱永聰夫婦的最愛，因她從小在台灣和外公外婆住在一起，感情特別深厚。冠秀之後嫁給在美國長大的 Ben Liao 先生，後生了女兒 Riley Liao，兒子 Ryan Liao。

順愛的兒子葉洪章（Richard Yeh）現在美國洛杉磯的一家動畫公司擔任主管，是一位動畫專家，參與了很多著名動畫的創作。

老么邱文達先生

最後也必須簡單介紹一下我自己及家人。我是邱永聰先生家中的老么邱文達，太太是康文娟女士，有二個小孩，女兒 Ketty Chiu、兒子 Jason

Chiu；女兒嫁給 Allan Leung，二人都是 USC 畢業的牙醫師，現有一位外孫 Aaron Leung 及一位外孫女 Amelia Leung。Jason 則在紐約一家大數據公司任職。我於二〇一五年從台北醫學大學退休後即全家赴美，現仍在美國一個有十家社區醫院的醫療體系工作。過去三十多年均任職於台北醫學大學的神經外科、公衛學系、外傷防治學研究所、萬芳醫院、雙和醫院等，最後擔任北醫大校長三年後，借調衛生署及衛生福利部三年八個月後退休。

大好文化 影響力人物 4

醫人醫國：邱永聰先生105歲冥誕紀念專書

作　　者｜邱文顯、邱文揚、邱文達
策畫撰稿｜胡芳芳、柯幸吟
出　　版｜大好文化企業社
榮譽發行人｜胡邦崐、林玉釵
發行人暨總編輯｜胡芳芳
總 經 理｜張榮偉
主　　編｜張容
駐英代表｜張瑋
編　　輯｜呂綺芳、張小春、林鴻讀
封面設計、美術主編｜陳文德
客戶服務｜張凱特
通訊地址｜111046臺北市士林區磺溪街88巷5號三樓
讀者服務信箱｜fonda168@gmail.com
郵政劃撥｜帳號：50371148　戶名：大好文化企業社
版面編排｜唯翔工作室　(02)2312-2451
法律顧問｜芃福法律事務所　魯惠良律師
印　　刷｜成偉印刷公司　0936067471
總 經 銷｜大和書報圖書股份有限公司　(02)8990-2588

ISBN 978-986-06885-8-0
出版日期｜2024年4月12日初版
定　　價｜新台幣300元

國家圖書館出版品預行編目資料

醫人醫國：邱永聰先生105歲冥誕紀念專書／邱文顯、邱文揚、邱文達著；策畫撰稿：胡芳芳、柯幸吟 -- 初版. -- 臺北市：大好文化, 2024.04
160 面；17×23公分. --（影響力人物；4）
ISBN 978-986-06885-8-0（平裝）
1.CST：邱永聰 2.CST：臺灣傳記 3.CST：文集
783.3886　　110017670